ネットワークの
社会科学

江戸と大阪

近代日本の都市起源

斎藤　修

NTT出版

謝辞

本書は前著『商家の世界・裏店の世界――江戸と大阪の比較都市史』を発展させたものである。『商家の世界・裏店の世界』から本書にいたる過程で必要だったのは、前著では詰めが甘かったところ、十分なエヴィデンスがなかったところの補強と、新たな論点を書きこむことであった。その論点が主として技能形成とその制度にかかわることであったので、『職人の世界・工場の世界』の著者である尾高煌之助氏との、この問題にかんする直接間接の議論や何気ない会話から多くの示唆と教示とを得た。前著は、氏の著書とともにリブロポート社の『社会科学の冒険』というシリーズの一冊であった。今回、この増補改訂・改題版も、尾高さんの『新版 職人の世界・工場の世界』と一緒に新しいシリーズ『ネットワークの社会科学』に加えられることとなったのは、私にとって大きな喜びである。前著を論評する労をとったり、個人的に批判や教示をくださった方々とともに、感謝の意を表したい。

『社会科学の冒険』シリーズ、そして今回の『ネットワークの社会科学』の企画者でもあるNTT出版の早山隆邦氏は、二重の意味で本書の産みの親である。前著の核となる部分はそのまま活かしながら、しかしたんなる新訂版でも増補版でもない本はどのようにしてつくればよいのか、早山さんには何度も相談にのってもらった。また、本書が、前著よりも多少なりとも魅力的に作られているとしたら、それはすべて早山さんの努力の賜物である。たまたま、改稿作業にとりかかったのが私の公務多忙の時期に重なり、執筆は予定どおりに進まなかったが、辛抱強く待ってくださった。厚く御礼を申し上げる。

本作りの最終段階になっても多忙の時期が終わっていなかったので、校正は尾関学君に手伝ってもらった。また、用語集をかねた索引を付けるというのは尾関君の発案である。同君の丹念な仕事と良いアイディアにたいし感謝する。

目次

謝辞　3

序　9

第一章　都市のサイクル―問題の歴史的背景　17

歴史的問題としての都市化　西欧の都市化パターン　日本の都市化パターン　本書の構成

第二章　雇用の経済学と人口学―本書の視角　43

都市の二つの顔　二重構造論　流動と定着　都市の歴史人口学

第三章　奉公人のゆくえ　67

奉公人の消えた都市、増えた都市　幕末・維新期の実態　元禄・享保期との比較　さまざまな奉公人　「人別外之者」　三田村鳶魚の断定

第四章　丁稚・手代・棒手振―雇用の経済学　103
就業構造への反映　大店の世界―「丁稚の都」大阪　丁稚制度―日本のOJT　「江戸中の白壁は皆旦那」―裏店の世界　不定形で流動的な労働市場　二重構造の模型図

第五章　江戸と大阪の歴史人口学　137
前近代の都市人口学―通説と問題点　江戸と大阪の人口変化概観　仮説―奉公人制度は人口抑制の、雑業者化は人口増加の効果をもった　大阪北浜二丁目―結婚市場の閉鎖性　大阪北浜二丁目―低い出生力　江戸五ヵ町―流入者と結婚市場　江戸への定着と家族形成　結論―雑業者化は結婚と家族形成を促した

第六章　西欧の都市、日本の都市―比較史のコンテクストで　173
前近代西欧の都市労働市場　西欧の都市〝奉公人〟とそのゆくえ　比較(1)雇用　比較(2)婚姻出生力　比較(3)結婚市場と家族形成　類似点と相違点と

第七章　明治から現代へ――連続と不連続　207
柳田國男の直感――流入と定着の新たなサイクル　商家から財閥へ、そして大企業へ――雇用制度の連続と不連続　職人のゆくえ　「町工場の世界」の出現　企業の雇用制度は都市起源、労働への態度は農村起源

参照文献　241

人名・商家名索引　243

用語集・事項索引　251

装幀　加藤光太郎＋大塚千佳子（加藤デザイン事務所）
カバー図版提供　出光美術館

凡例

1　大阪の表記について。　本来なら、徳川時代にかんしては「大坂」、明治からは「大阪」と使いわけるべきであろうが、煩瑣となるので――引用中の場合を除き――すべて「大阪」に統一した。

2　専門用語について。　巻末に用語集を兼ねた事項索引を付した。

序

一九八七年の秋から一年間、私は、英国イングランド北部のシェフィールド大学にジャーウッド・フェロー（Jerwood Fellow）という名前のついた交換教授として滞在していた。前著『商家の世界・裏店の世界――江戸と大阪の比較都市史』を書上げた直後であった。ジャーウッド・フェローに課せられた義務のひとつは「ジャーウッド記念講演」という公開講演を行うことであったが、私はこの『商家の世界・裏店の世界』を要約した話をすることにしていた。

講演は翌八八年五月に、「近代日本の都市起源」（The Urban Origins of Modern Japan）という演題で、学長の司会により行われた。私の属していた学部からだけではなく、学内他学部、シェフィールド市内のもうひとつの大学（当時はポリテクニックと呼ばれていた）や、息子が通っていた中学校の先生まで聞きに来てくれたので、〝やっぱりタイトルがよかったのかな〟と思ったものであった。当初は、内容がビジネスの街大阪と庶民の街江戸の比較史なので「二都物語」にしようかと考えていたのであるが、念のためと思い、もうひとつのタイトル候補「近代日本の都市起源」とセットにしてシェフィールドの同僚にみせたところ、「近代日本の都市起源」のほうがよい、そのほうが聴衆が多く集まるのではないかといわれた。実際、彼のいったとおりになったのである。『商家の世界・裏店の世界』の内容をこのタイトルで講演したことで、結果的に、二つ宿題を自分自身に課すこととなった。

その第一は、タイトルそのものにかかわる。講演の前日、別の同僚に〝日本をやるひとなら誰でも知っている本に『近代日本の農村的起源』というのがあって、それを捩ってつけたのだ〟といったところ、彼は〝その批判をするのかい〟と聞いたのである。周知のように、『近代日本の農村的起源』はトマス・スミス教授の名著である。私は〝批判ではなくて補足（supplement）のつもり〟と答えた。彼はちょっとがっかりした表情をみせたが、それ以上は何もいわなかった。

それ以来、そのことが心にひっかかった。〝批判ではなくて補足〟というのは本心であったが、どういう意味で補足なのか、考えていなかったからである。スミスがその本のなかで論じたことは、徳川時代に成立した小農家族の経済活動様式と彼らの社会関係のもち方が近代日本を準備したということであったが、私が『商家の世界・裏店の世界』で提出したのは、近世の大阪に生まれた制度が近代日本のひとつの起源となったということだった。両者それぞれの歴史的意味についてはわかっているつもりであったが、それら二つの歴史的な関連を掘り下げて考えるということは、まったくしていなかったのである。本書のサブタイトルをそのときと同じ「近代日本の都市起源」としたのは、この課題に答えたいと思ったからである。

第二の宿題は、「裏店の世界」という言葉の曖昧さに由来する。講演の日に司会をしてくださった学長は工学系学部の出身であったが、講演が終わると、私の〝商家の世界と裏店の世界〟〝大阪と江戸〟という対比に関心をもたれたのか、「わが国の場合、二つの都市というわけにはいきませんが、やはりミドル・クラスとワーキング・クラスという二つの社会層のあいだの隔りはずっと顕著でしたね」といわれた。私の比較史的な意図が専門外のひとにも伝わったのかと嬉しく思ったが、同時に、学長と話をしているあいだ心のどこかに落着かないものを感じた。商家の世界とミドル・クラスの世界を対応させるのはよいが、裏店の世界とワーキング・クラスの世界を対応させるのは分析上うまくない、と直感的に思ったからであった。裏店の住民の職業は雑多であったが、サービス業のイメージが強かったことは否めない。それを工場労働者階級に対応させてみても歴史的つながりはみえにくい。裏店の世界に埋もれてしまっている職人についてもっと考える必要があると感じたのである。

前著でも述べたように、ヨーロッパでは職人の伝統が非常に強く、それは産業革命後に誕生したワーキング・クラスの性格にも刻印されている。ドイツのマイスター制度のように、熟練労働者の技能形成は徒弟《アプレンティス》制に依拠した資格制度と密接に結びついている場合があり、その意味ではいまだに伝統的とすらいえる。英国では、ドイツのような公的な制度は明確ではないが、製造業の核となる産業では徒弟制がいまだに機能している。

このことを印象づけられたのは、さらに一〇年ほど前の初めての英国滞在のときであった。一九七六年暮から翌七七年三月にかけて、ジャガーやローバーやミニを生産していたブリティッシュ・レイランド社で熟練労働者の山猫ストが起こったのである。当時は労働党政府が組合と経営者の合意のもとに所得政策を実施していたが、そのために、他の熟練度の低い機械工との賃金格差が縮小してしまったことにたいする不満が背景にあると、BBCや新聞は解説をしていた。

山猫ストをしたのは、合同機械労働組合（AUEW）に属するトゥールルーム・ワーカー、あるいはトゥール・メーカーと呼ばれる労働者たちであった。彼らの仕事場がトゥールルームというところであったのでそう呼ばれる、正規の徒弟教育をへたエリート労働者である。

私の興味を惹いたのは、まず、彼らの仕事そのものであった。トゥール・メーカーといっても、特定の工具を作っているわけではない。治具づくりと段どりが中心的な仕事といえるが、反復性の少ない、幅の広さと精緻さを同時に要求される職種のようであった。新聞の解説記事が彼らの仕事を説明して、〝旋盤工や溶接工のように、何をやっていると一言でいえないが、あなたたちの車がきちっと出来上がっているのは彼らのおかげ〟と書いていたのを、いまでも覚えている。そして、そのように高度な熟練をもつ労働者が、正規の徒弟教育によって訓練されているという事実が、強く印象に残った。私が習ったころの経済史では、徒弟制は、とくにイングランドの徒弟制は早くから衰退し、産業革命が始まるころには自由な労働市場が姿を現したと教えていたからである。

そこで、シェフィールド滞在中から、徒弟制の歴史について勉強を始めた。その成果が一九九〇年に発表した「熟練・訓練・労働市場」という論文である（後に『比較史の遠近法』に収録）。その結論では、〝ブルーカラーの技能形成の仕組としての徒弟《アプレンティス》制は強靭な生命力をもっていたが、ホワイトカラーのアプレンティス制度は早くから衰退した。これにたいして、日本の歴史的経験はちょうど正反対であった〟と書いた。ただし、明治以降における日本の工業化と技能形成をどう考えるか、とくにその過程での職人の役割については、手つかずであったので、その考察を組み込む必要性を依然として感じていた。そこで、本書の最終章では、この問題を〝都市起源〟と〝農村起源〟の問題に絡めて、私なりのスケッチを提示する。もとより作業仮説であり、本書の枠内では立ち入った実証分析をする余裕はないが、今後の研究に展望を与えることを意図している。

本書の増補改訂にあたって、出版社の示唆もあってタイトルを『江戸と大阪』と改めた。近世の江戸や大阪の研究をするひとには周知のことであるが、慶應義塾の教授でもあった幸田成友が、大正の終りに東京商科大学（現一橋大学）で行った日本経済史の講義を、後に西洋中世史の泰斗となる増田四郎が浄書して出版された本も、まったく同じ書名をもつ。この名著と同じタイトルとすることにはいささか躊躇を感じたが、幸田先生の『江戸と大阪』が制度の比較を中心として、モノとカネに焦点を当てていたのに対して、私の場合はもっぱらヒトに関心が向いているので、これも名著へのひとつの補足《サプルメント》になるかと思い、改題することとした。

前著『商家の世界・裏店の世界』ではヒトの数と彼らの仕事とを問題とした。徳川社会において奉公人はどのくらい存在していたのか、という問いから出発した。近代以前の社会における奉公人の位置および個人のライフサイクルとのかかわりにおいて、他人の世帯に住込んで仕事をするということの意味を明らかにしたい、と考えたのであった。

前著の「はしがき」にも記したように、それは、西欧の伝統社会における奉公人の存在を家族および人口行動の様式と関連させた、ピーター・ラスレットやジョン・ヘイナルの議論に触発されて始めたプロジェクトであった。前著のサブタイトルは「江戸と大阪の比較都市史」であったが、私の問題関心は、そのときも、またそれ以来も一貫して日欧比較であった。それにもかかわらず、本書でもタイトルが『江戸と大阪』であるのは、奉公人の数を数え、その割合を計算することで浮かび上がってきた江戸と大阪の対比が、雇用制度、労働市場、結婚市場、家族形成、そして都市の人口再生産にかんする日欧比較に新鮮な切り口を与えてくれたからである。本書では、その枠組を受け継ぎながら、そこへ技能形成の制度を明示的に付け加えることができたのではないか、と思っている。

第一章

都市のサイクル——問題の歴史的背景

都市史の射程は非常に長い。古代の都市国家から近代の工業都市、そして現代の情報都市まで、中世都市の商人や職人から第三世界の都市スラム住民まで、またイタリア都市の祝祭空間から江戸の裏店の生活空間まで、そのトピックスはまことに幅広く、どの時代のどの都市をどの角度から取りあげても、関連する分野と現代への含意は小さくない。

本書が取りあげるのは、徳川中期から明治初年にかけての都市、とくに江戸と大阪である。この時代はいってみれば〝地方の時代〟〝農村の時代〟であった。農村部における手工業やその原料作物の栽培が発展の原動力となった、本格的な工業化に先だつ経済変化をプロト工業化と呼ぶが[1]、そのような時代状況における都市のあり方はどのようなものであったか、これがテーマである。具体的には、人びとの生業、労働、移動という観点からみた都市人口の構造、したがって都市における労働市場のあり方、および都市人口の再生産様式がどのようなものであり、徳川時代を通じてどのように形成されてきたのか、またそれらを近現代の都市構造を知るものとしてみたとき、〝起源〟

といいうるものを見出すことはできるのか、あるいはできないのか、そして比較史の文脈においたとき、徳川日本の都市はどのような特質をもっていたといえるのか――これらが第三章以下で検討されるトピックスとなろう。

本書はそれゆえ、純粋に歴史の書である。しかし歴史の研究は、往々にして現代的な意味をもちうる。とくにこの時代の都市史は、一方において都市の膨張が一段落し、他方でその都市の新たな生態に多くの関心が向けられている現在、新しい光をあててみることができるようになっている。そこで歴史的課題の検討にはいる前に、より広いパースペクティヴのなかでプロト工業化時代の都市を捉えておくことが望ましい。まず本章で長期にわたる歴史の流れのなかで都市化のパターンについて一瞥したあと、第二章では、本書における中心的な分析用具となる雇用の経済学と歴史人口学とからみて、何が問題となるのかを明らかにする。

1　歴史的問題としての都市化

私たちは、過去を振りかえって歴史を語るとき、しばしば〝……化〟(-zation) という言葉を使う。長期にわたるひとつの趨勢、歴史的流れというようなことを記述する用語としてである。例をあげよう。一九六〇年代、わが国歴史学界において日本の近代化をめぐる議論が盛んになされたことがある。そのテーマ自体、いまここで言及している用語法の一例に他ならないが、近代化の諸指標をリストアップする作業もまた、この〝……化〟という言葉を使って行われることが普通であった。たとえば、後発国の、したがって日本の〝近代化〟とは、西欧化、都市化、工業化、民主化、合理化、官僚制化などと呼ばれるものの包括的概念とされる。この一覧表のうち、社会経済史的な変化と看なしうるのは工業化（industrialization）と都市化（urbanization）であろう。たとえば、西欧社会についていえば、十九世紀から二十世紀の時代と十六、七世紀から十八世紀にかけての時代とを比較するとき、社会経済史上、この間の移行過程は工業化と都市化とによって特徴づけられるといっても、そう大きな誤りはないはずである。

工業化とか都市化という言葉は、間違いなく便利な用語法である。しかし、欠点もある。そのような用語法には、しばしば、また暗黙のうちに、一本道の進歩史観や単線的な発展史観を仮定したり、あるいは含意していると受けとられる畏れがあるからである。

実際、歴史にはそれとは逆の動きが生じていた例が少なからず見出せる。筆者が『プロト工業化の時代』で強調したように、プロト工業化論は、十六、七世紀から十九世紀にかけての経済変化にかんする従来の解釈――革命的な面を強調するにせよ、連続性を強調するにせよ――では、産業革命に先立つ時代の、農村工業を起動力とするダイナミズムは見失われてしまうことに異議を唱えたのであった。それだけではない。特定の地域をとってみれば、農村工業の発展と都市の工場制工業化とが連続して観察されるところもあった反面、十八世紀末から十九世紀初めにかけて工業化の挫折を経験し、ふたたび田園地帯に逆戻りしてしまった地域も少なからず存在した。すなわち、工業化とは長期にわたるひとつの趨勢を表現する言葉であるが、現実の工業化過程は、けっして一直線の変化ではありえなかったのである。

同様のことは都市化についてもいえる。都市化は、便宜上、一定規模の人口をもつ定住地住民の総人口にたいする割合で定義されることが多いが、定住地のサンプルを固定して、その人口規模の総人口にたいする割合をみることもある。どちらの定義をとるにせよ、その割合が、中世以来、長い時間をかけて少しずつ上昇し、徐々にそのテンポを速め、近代の工業化とともに加速化されたと考えるのは、単純すぎる。正確にいえば、誤りである。都市の歴史においても、ある一群の都市が人口を減少させるという、挫折あるいは退行の局面は無視できない一章であった。そして、そのことがもっとも顕著なかたちで現われたのが――西欧においても日本においても――プロト工業化の時代であった。

そこで最初に、この都市化の退行（de-urbanization）という現象を具体的なデータにもとづいて概観しておく。

2　西欧の都市化パターン

まず、十六世紀から十九世紀にかけての西欧社会において、都市化がどのように進展し、そのテンポにどのような変化が生じたかをみる。

都市化の度合を示す尺度としてしばしば利用されてきたのは、都市人口の総人口にしめる割合、都市化率である。しかし、それとはまったく異なった尺度もある。とくに都市の規模別分布をも考慮にいれて変化パターンを描こうとするとき、順位・規模分布（rank-size distribution）の考え方が有効である。

これは人口規模からみた都市の大きさとその順位の関係を問うものであるが、しかし個々の都市ごとに吟味するのではなく、一国あるいは一地域内の都市群全体を規模と順位の観点からひとつのシステムとして捉えるところに特色がある。また、ひとつのグラフ上ですべてを表現できる点でも便利な分析用具といえる。

まず、縦軸に都市の規模、横軸の左から右に順位をとり、特定時点における個々の都市をグラフ用紙上にプロットしてゆく。それらの点を結べば、全体として右下りの形状が得られる。両軸とも対数目盛とすると、それは直線、ときには途中で折れ曲がった直線に近似できるので、両対数グラフが使われることが多い。かりにその両対数グラフ上の右下りの直線が四五度であった場合、その意味するところは、全国順位一〇番目の都市人口は最大の都市の一〇分の一、一〇〇番目の都市は一〇〇分の一だということである。かりに全国最大の都市が一〇〇万都市であれば、一〇万規模の都市が一〇番目、一万の都市が一〇〇番目にくるということである。経験的に描かれる分布線は四五度より緩い角度であることが多いが、ひとつの目安とはなるであろう。直線の左端が最大都市の人口規模を示し、一〇番目の都市の人口規模は横軸一〇に対応する縦軸の目盛を読めばよい。直線の右端は、都市の定義をどこにとるかによって決まる。人口五千人以上の定住地とすれば、縦軸の目盛五〇〇〇に対応する横軸の値が人口五千以上の都市の総数を表す。このグラフ上における都市化の進行とは、順位・規模分布線が右上方へシフトしてゆくことである。基準となる人口規模以上の都市の総数の拡大を反映する右方への変位と、都市人口の増加を表す上方への変位とが合成された変化となっているからである。都市化のテンポは、そのシフト幅の大きさに表現される。ただ、右上方への変位の仕方にも、平行移動、勾配をきつくしながらの移動、勾配を緩くしながらの移動というパターンがある。極端な場合、たとえば順位一〇番目の都市を支点にしてきつくなったり、緩くなったりすることもありうる。あるいは、その左部分だけが急勾配となって、折れ曲がったかたちに変化することもあるであろう。一般的に、勾配が急となるのは大都市が人口を増加させた場合、緩くなるのは、逆に小都市が拡大した場合である。[2]

図1-1は、西欧においてこの順位・規模分布が、一五〇〇年から一八九〇年にかけてどのように変化してきたかを示す。ここでは便宜上、全ヨーロッパから南欧を除いた地域を「西欧」と呼んでいるが、元来は Mediterranean Europe との対比において North-western Europe とポーランド・ボヘミアを含む Central Europe とを併せた地域である。全ヨーロッパをみたとき、一五〇〇年における最大の都市はナポリで、一五〇万都市であった。それに続いたのがパリ、ミラノ、ヴェネチアで、それぞれ一〇〇万前後。第五位はフィレンツェ、第六位ジェノアの順であった。これにたいして一七五〇年となると、順位は大幅に入れ替わる。ロンドンの六七五万を筆頭に、パリ五七六万、

図１－１　都市の順位・規模分布：西欧の場合，1500–1890年

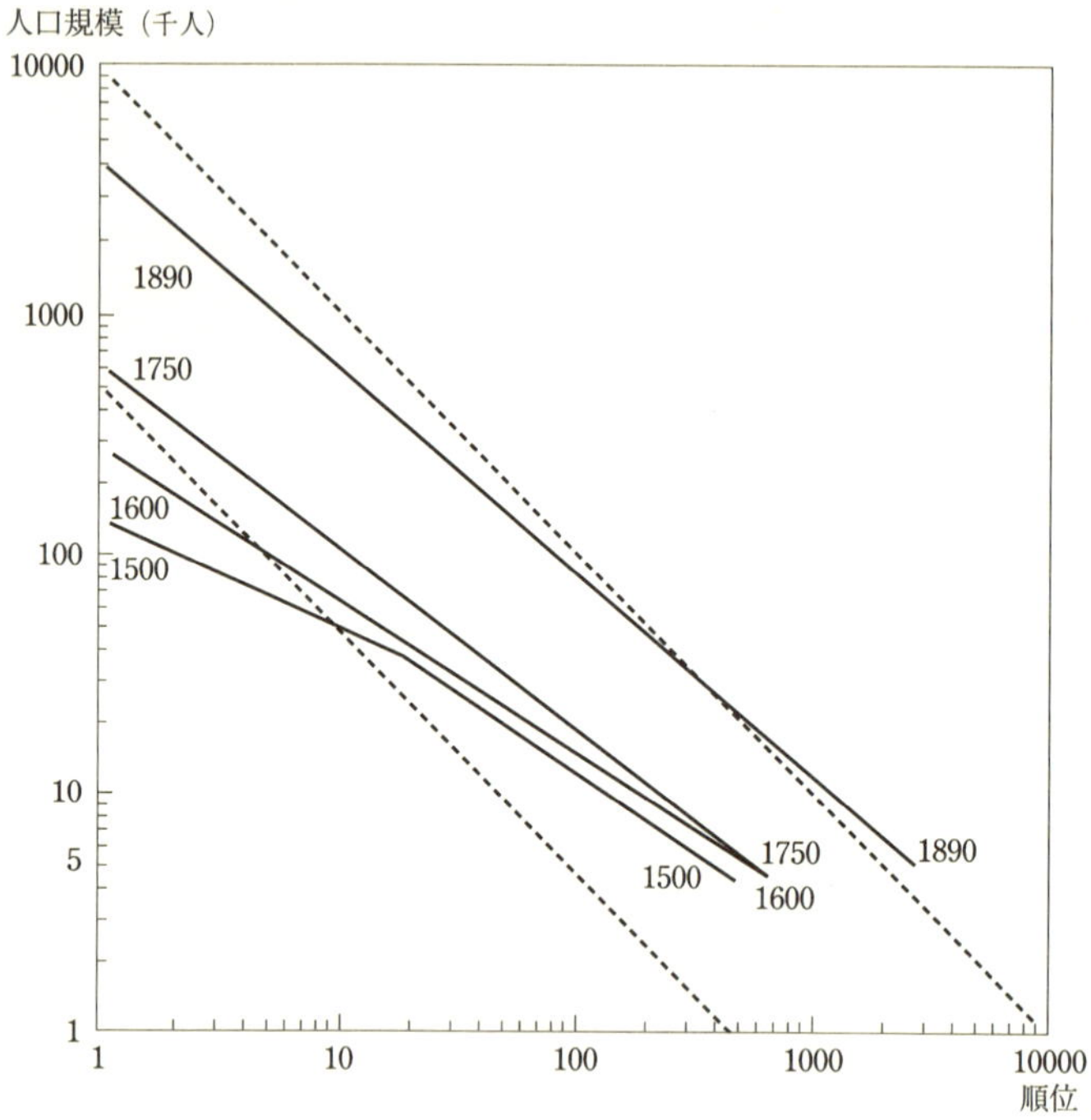

資料：J. de Vries, ***European urbanization 1500 - 1800***(1984), pp. 97, 99, 100.

註　1）これは基本的には概念図である。ただ，de Vries 自身のそれ（*ibid.*, p.256）よりは，やや現実に近いかたちで描かれている。

2）右下りに引かれた点線は45度線である。

3）ここで「西欧」とは，地中海ヨーロッパ(イタリア・イベリア半島)を含まない，アルプス以北，ポーランド・ボヘミア以西の地域を指す。

ナポリ三〇五万、アムステルダム二一〇万、ウィーン一七五万であった。地中海諸都市の凋落と〝西欧〟諸都市の擡頭が目立つ。ただ、ここでみたいのは、そのような具体的な都市の盛衰ではなく、都市化パターンの変化である。全ヨーロッパではなく、〝西欧〟のみに注目してそれを検討しよう。

図1-1からは、第一に、順位・規模分布の右上方への変位の幅が一七五〇年を境に大きく変わったことが目をひく。これは　人口五千人以上の定住地をプロットした結果によっているが、都市人口規模においても都市の数においても、都市化のスピードは、産業革命以降に急速に高まったということが確認できる。

第二に、一七五〇年以前の順位・規模分布線がかなり緩い勾配をもっていたことも指摘できよう。四五度を一応の目安とすると、それよりはなだらかな形状となっている。これは近代以前の西欧においては、もともと小都市の比重が相対的に高かったことを物語る。

第三に、その一七五〇年以前の時期においても、興味深い変化が起きていたことがわかる。とくに一六〇〇年から一七五〇年というプロト工業化が進行した期間には、右端の点がほとんど動かないまま勾配だけが急となる変化がみられる。すなわち、パリ、ロンドン、アムステルダムといった国際的な大都市の人口は膨張していったけれども、人口五千から一万規模の都市は全体として成長せず、都市の絶対数自体も増加しなかった。表1-1は西欧における都市化率の推移を示すが、都市化率を五千人以上の都市人口の総人口にしめる割合とすると、一五〇〇年の都市化率八%弱、一

表1-1　西欧の都市化率，1500-1800年

年次	総人口にたいする割合（%）	
	人口五千人以上の定住地	人口一万人以上の定住地
1500年	7.9	3.9
1600年	8.2	5.2
1750年	11.3	8.6
1800年	12.0	9.0

資料：Jan de Vries, *European urbanization, 1500-1800* (1984), pp. 34, 72より計算。

六〇〇年八%強、一七五〇年一一%、定義を一万人以上に変えると、一五〇〇年四%、一六〇〇年五%、一七五〇年九%弱と、着実に進展していたようにみえる。しかし人口四万人以上の都市の総人口にたいする割合は、〇・七%、二%、五%と急速に高まっているのに反して、人口四万未満では低迷していた。とくにもっとも小さい都市カテゴリーである五千以上一万未満の場合には、四%、三%、三%弱へと比率を減少させていたのである。

ヤン・ドゥ・フリースの解釈によれば、これがプロト工業化のインパクトであった。農村、とくに農村工業地域の人口と、その対極にある国際都市の人口は拡大したが、数のうえでは多数をしめていた中小の都市は伸び悩んだり、ときには人口を減らしたりしたのである。実際、彼は、巧みな数値例によって、たとえ都市が農業部門の人口増加分を吸収することによって都市部門全体の人口規模を維持できたとしても、第三の部門である農村工業地帯において人口成長があれば、都市人口の総人口にたいする比率は低下しえたことを示している。いいかえれば、プロト工業化に起因する人口の移動先の多様化と、それによる移動の流れの変化が都市人口の変化に与えた影響は、それほど大

表1－2　部門別の人口増加率：イングランドとフランス，1500-1800年

	総人口	都　市	農　村	
			農　業	農村工業
イングランド	千人	千人	千人	千人
1520年	2,400	130	1,820	450
1801年	8,660	2,380	3,140	3,140
増加(十年率)	4.7%	11.0%	2.0%	7.2%
フランス	千人	千人	千人	千人
1500年	15,500	1,410	11,270	2,820
1800年	29,100	3,220	17,080	8,800
増加(十年率)	2.1%	2.8%	1.4%	3.9%

資料：E.A. Wrigley, 'Urban growth and agricultural change' (1985), pp. 700-1,718より作成。

註　1) 5千人以上の人口規模をもつ定住地を都市と定義している。

2) 農村工業部門は，農村人口マイナス農業人口として求められた残差で，実際の農村工業村落の人口を集計したものではない。

きかったのである。(3)

事実、この時期の農村工業地域における人口増加率はかなり高かった。たとえばフランスの場合、トニー・リグリィの推計による表1－2から明らかなように、いま問題としている三世紀間においてもっとも高い増加率を示していたのは農村工業部門であって、都市人口の増加はそれを一ポイントも下回っていたのである。フランスは、この間の人口成長が西欧諸国中もっとも緩慢な国のひとつであったが、着実な人口増加がみられたイングランドでも、農村工業地域では高い人口増加率が観察された。十年率でフランスのそれを三ポイント以上も上回る高率であった。ただしここでは、都市人口の成長はさらに著しく、その点ではフランスと様相を異にしていた。リグリィも強調しているように、イングランドのみを取りだして順位・規模分布

図を描くとすれば、大陸諸国とは異り、一六〇〇―一七五〇年の都市化停滞の局面にあっても右上方への平行移動に近い、大幅なシフトが観察されたであろう。この点で、イングランドのパターンはやや特異であった。[4] しかし、フランスおよび他の西欧諸国においては、プロト工業化は都市化の停滞をもたらしたのである。[*]

＊ 都市化の退行は、プロト工業化の局面にのみ固有のことではなかった。実際、ヨーロッパ史学界において、中世末、すなわち十四世紀後半から十六世紀前半が都市衰退の時代であったことは周知の事実である。そして現代もまた、急速な都市化が一段落した時代であるといえる。その意味では、都市の歴史もサイクルを描いて発展してきたといったほうが適切であろう。イングランド都市史の特徴は、その第二の都市化退行局面（十七―十八世紀初）が明瞭なかたちで現れなかったことにあるといえるかもしれない。

3　日本の都市化パターン

日本における本格的な都市化の開始は明治になってから、とくに松方デフレが終わってからといわれている。そこでまず、それ以前と以後とにおける都市化パターンの変化を、前節の場合と同じく順位・規模分布によってみてみよう。

図1-2が、その一八二五年から一九四〇年までの変位を示す。まず順位・規模分布線の傾きを

図1－2　都市の順位・規模分布：日本の場合，1825–1940年

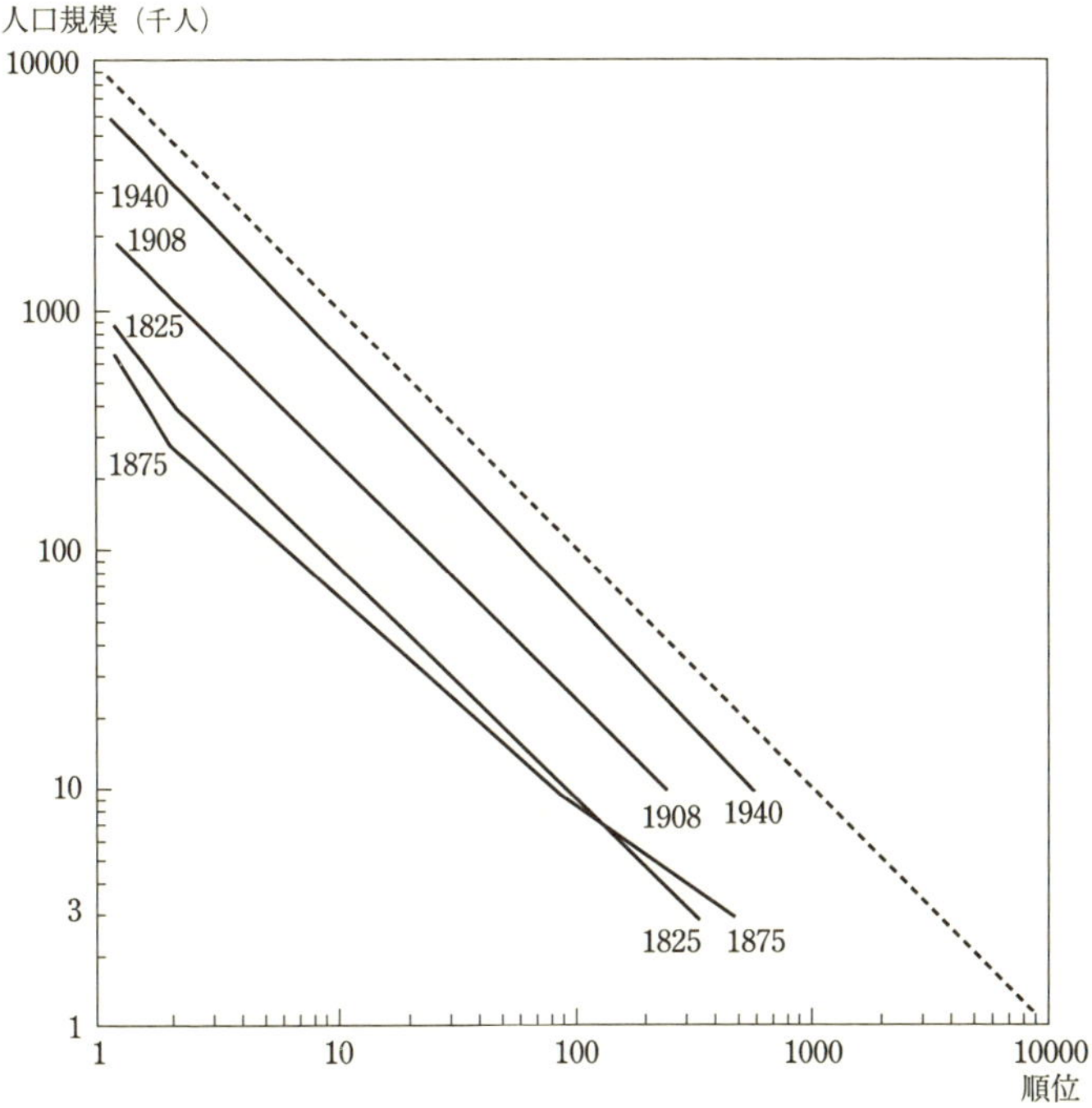

資料：G. Rozman, ‘Castle towns in transition’（1986）, p. 322；*do.,* ‘East Asian urbanization in the nineteenth century’（1986）, p. 427；大友篤『日本都市人口分布論』（1979年）, 54－56頁。

註　図1－1と同じく概念図である。

みると、図1-1に比較して四五度線に接近していたことがわかる。西欧のパターンよりは〝ノーマル〟な分布に近かったのである。

次に変化に注目すると、この図からまず明らかなことは、明治中期以降には右上方への大きな変位が認められるのとは対照的に、日本におけるプロト工業化の盛期にあたっていた、十九世紀初頭からの半世紀間には、二つの分布線が絡みあった状態にあり、都市化の進展がみられた様子はないという点である。一八七五年の線は、人口一万人規模のところを支点に、一八二五年の位置から時計とは反対回りに移動し、結果として、勾配が緩くなり、右端の点がさらに右へシフトした。大都市の人口は絶対値で減少し、逆に一万人を下回る規模の都市はその数を増加させたのである。

図1-2では、十九世紀にかんするかぎり、図1-1とは異なって人口三千以上という基準を採用している。この人口三千以上五千人未満のカテゴリーには、農村の工業と商業の発展とともに繁栄をした農村部の町場が数多く含まれていた。その数が増えたのとは対照的に、大都市、中規模の城下町を中心に人口減少が生じたので、二つの順位・規模分布線の交差が明瞭に観察されたのである。都市化の退行は、西欧以上にドラスティックなかたちで起こったことがうかがえる。

明治初年の一八七五（明治八）年と比較する時点として、一八二五（文政八）年という年はあまり適当ではないかもしれない。しかし、それ以前についてはいまのところデータがないので、その欠点を補う意味で、より長期にわたる都市人口と都市化率の時系列的推移をみてみよう。

表1-3、表1-4、表1-5がその推移である。これらはいずれも同一のデータ表、すなわち

表１－３　徳川時代の都市人口（64都市サンプル）

年　次	三　都	地　方　都　市		
		大	中　小	小　計
	千人	千人	千人	千人
1650年	1,080	463	866	1,329
1750年	2,000	473	984	1,457
1850年	1,770	468	1,020	1,488
都市数	3	8	53	61

資料：斎藤誠治「江戸時代の都市人口」(1984年)，付表２，61-63頁より計算。
註　1）対象は，『第二回共武政表』による人口が１万人以上の市または町。その数は99であるが，数字が得られたのは64都市である。カバーされていない35都市の分布は，東日本５，中央日本９，西日本21である。
2）「三都」は江戸，大阪，京都。
3）「地方大都市」は，1878年の人口が４万人以上の８都市：仙台，福井，金沢，富山，名古屋，堺，福岡，熊本。

表１－４　徳川時代の規模別都市分布

人口規模	1650年	1750年	1850年
100万以上	0	1	1
10万以上－100万未満	4	4	4
５万以上－10万未満	5	2	0
３万以上－５万未満	7	10	13
１万以上－３万未満	29	38	44
計	45	55	62

資料：表１－３に同じ。対象となった64都市から，人口規模１万未満を除く。

表１－５　徳川時代の都市化率

	都市人口（千人）		全国人口（千人）(3)	都市化率(%) (2)÷(3) (4)
	調査都市計 (1)	全都市計 (2)		
A　64都市サンプル				
1650年	2,409	2,980	22,400	13.3
1750年	3,457	4,270	31,100	13.7
1850年	3,258	4,030	32,280	12.5
B　人口１万以上のみ				
1650年	2,298	2,840	22,400	12.7
1750年	3,395	4,200	31,100	13.5
1850年	3,240	4,000	32,280	12.4

資料：都市人口は表１－３に同じ。1650年の全国人口は筆者の新推計。1750年と1850年は速水融・宮本又郎「概説　17-18世紀」，44頁による。
註　欄(2)の全都市計は，欄(1)を，『第二回共武政表』における調査都市人口（280万人）の全都市人口（346万人）にたいする比（0.809）で除し，万の位へ四捨五入した値。

『共武政表』と呼ばれる陸軍省の一八七八（明治一一）年第二回調査から人口が一万人をこえる市または町を選び、そのうち資料のある六四都市について、一六五〇年、一七五〇年、一八五〇年の人口を掲げた一覧表から作成されている。この六四都市からなるサンプルがどこまで代表性をもちうるかの問題は残るが（東日本にやや偏っている）、全体の趨勢をみるうえでは差しつかえないであろう。

表1-3は六四都市を固定させて、三都および大・中小地方都市別に三時点の人口を集計したものである。それによれば、三都も六一の地方都市も十七世紀から十八世紀にかけて総人口を拡大させ、逆に十九世紀にかけての一世紀間は絶対数の減少をみたことを示す。最初の一世紀は都市人口増加期、後の一世紀は停滞期ということになる。これを総人口との比でみたのが表1-5である。そこからは、十七世紀における都市化率の水準が一〇%をこえていたことがわかる。これは、工業化以前の経済としては相当に高い水準であった。十七、八世紀の西欧でも、一万人以上の都市人口比率は一〇%に達していなかったからである（表1-1）。十八世紀にかけて総人口も増えたが、都市人口はそれを若干上回って拡大した。僅少な差であるが、都市化は進展したといえそうだ。一六五〇年以前の城下町建設時代をも含めて考えることができるならば、間違いなく、徳川時代の前半期は都市化の進展した時代といえるであろう。ところが、次の一世紀間では、明白にパーセンテージの低下があった。それは都市のサンプル数を固定した場合でも、人口規模一万以上という基準で計った都市化率の場合でも、どちらでも観察される現象である。すなわち、一八五〇年にかけての

一世紀間では都市人口の絶対数が落ちこみ、都市化率水準は低下したのである。(5)

さらに重要なことは、その間に人口減少を経験したのは大きな都市であって、地方中小都市の人口規模は微増していたという事実である。表1-3から得られる一七五〇―一八五〇年の変化率は、三都がマイナス一二％、地方大都市マイナス一〇％であるのにたいし、地方中小都市はプラス四％であった。もっとも、三都を一括りにするのは必ずしも適当ではないかもしれない。江戸の人口はあまり大きく減少することはなかったが、大阪と京都は著しく規模を縮小させたからである。表1-4の人口規模別都市数から、五万未満の都市の数は大きく増加していたこと、人口凋落が著しかったのは人口五万から一〇万のカテゴリーの都市だったことがわかる。最初の時点でこのクラスに入っていた名古屋は一〇万以上の仲間入りをしたが、仙台・堺・福岡・鹿児島はすべて人口を減らして、五万未満となった。三万から五万のグループが数を増やしたのはこのような降格組によるところが少なくなかったが、大幅に数を増やした三万未満グループの場合、新規参入の大多数は、一七五〇年までは数千人でしかなかったところが規模を拡大し、一万以上のカテゴリーに入った事例なのである。日本海沿岸の能代・新湊・魚津、あるいは関東の機業地である桐生・足利が、その典型例である。似たような人口拡大は、一八七八年の『共武政表』で一万の規模に達しなかったためにサンプルには入らなかった、数多くの地方都市、とくに人口五千人未満のカテゴリーの在郷町でも生じていたことに違いない。

もっとも、十八世紀から十九世紀にかけての都市化が全体としては退行したという観察に、疑問がないわけではない。ひとつには、農村に本籍を残したままの流入者（「止宿人」あるいは「人別外之者」）が都市人口にカウントされていなかったがゆえの、見せかけの減少である可能性があるからである。もうひとつは、制度上の市域内の人口は減少しても、町続地、すなわち市に隣接する行政上は村であった地域が事実上の市街地化して、そこへ市域内からの人口移動が起こっていたかもしれないからである。(6) たとえば、深井甚三は東山・東海地方の城下町を検討した論文中で、これらが実際に生じていたことを明らかにしている。このうち「止宿人」と「人別外之者」については第三章で詳しくみることとし、ここでは町続地の問題を検討しよう。

深井によると、信州上田では一八三一（天保二）年に、町続地まで含めた、珍しい調査を行っており、その調査結果は町続地の家数が町方の三倍に達していたことを示しているという。この例から直ちに一般化することはできないであろうが、町方人口に匹敵する規模の町続地の発展がどの都市でもみられたとしたら、たしかに表1-3から表1-5に示された変化は意味を失うかもしれない。(7) しかし、町続地人口の町方人口にたいする比がとくに大きかったのは規模の小さい地方都市だけであった可能性がある。事実、深井が、明らかに町続地の発展があったところとしてあげるのは上田、松代、飯田、上諏訪、甲府であるが、甲府が一万人規模なのを除けばいずれも数千人、あるいはそれ以下であった。いうまでもなく、大都市でも町続地は形成された。もっともよく知られている例は大阪の天王寺であろう。徳川時代は（そして明治になってからも）行政的には村であったが、村のなかの区分に町名が使われていたことからもわかるように、早くから町場化したところであった。

しかし、その町続地人口の三〇―四〇万都市である大阪三郷にたいする比はわずかでしかない。天王寺村諸町の人口を合計すると約一万人に達したが、隣接する東成・西成郡の人口三千以上の定住地をすべて足し合わせても、その人口が町方人口の四分の一に達することはなかったと思われる。(8)いいかえれば、町続地の展開をも考慮にいれた実質的な都市成長を計算できたとしても、それによる上方修正の必要性は小都市について大きく、大都市では小さかったに違いない。図1-2の順位・規模分布線の勾配をさらに緩くすることはあっても、きつくするような修正とはならないはずである。

これらを総合すれば次のようにいうことは許されよう。十八世紀から十九世紀にかけての一〇〇年間、三都をはじめ地方の中心都市は軒並み人口停滞を経験した。人口を減少させたところも少なくなかったはずである（成長しえたのは、名古屋・富山くらいであった）。これにたいして、人口三万未満の地方都市――そのなかには城下町ではないところも含まれる――はその数を増加させ、人口の絶対数も拡大したのである。こういったコントラストこそ、図1-2における一八二五年と一八七五年の交差に反映されていた事実に他ならない。

かつてトマス・スミスは、三五の城下町人口データにもとづいて、十八世紀以降に数多くの都市が人口減少を経験したことを明らかにし、その文字どおりの衰退を、西欧における大都市を中核とした間断なき都市成長と対比させた。たしかに図1-1と図1-2を比べても、大都市にかんするかぎり西欧と日本の経験は際立っており、それはスミスのいうように、日本における鎖国と国際通商都市の欠如ということに起因していたのかもしれない。

けれどもスミスは、十八世紀以降における城下町停滞の要因としてもうひとつの重要な事実に目を向ける。それは、「在郷町が城下町に競い勝って、労働力を引きつけ保持する力を持っていた」ということである。「農村が都市に与えた打撃を最も強烈に表しているのは、数多くの在郷町が商工業や運輸業の拡大により成長した、という事実である。当時の人々はしばしばそういう在郷町のことに触れている」と述べ、三五の城下町サンプルの他に、二三の在郷町事例を収集し、次のような観察を記している。

「第一に、ほとんどの在郷町は平均的な城下町に比して人口規模が小さい。二一の在郷町は三〇〇〇以下で、その多くは一〇〇〇以下。第二に、判断し得る限り、大多数は法制的に都市というより村である。第三に、一七〇〇〜一八五〇年の大部分を通して、中には二倍三倍に増加したものもあるくらいで、非常に急激な［人口］増加を見せた。観察年度が不規則で間隔もあいており一般化は難しいが、一七五〇年以降に、より増加したように思われる。そして多数の在郷町で一八〇〇年以降増加ははっきりと加速された。第四に、ほぼ全事例で、人口増加は商業または工業の地域的拡大を伴っていた。」

この在郷町にかんする観察は——サンプルの大きさが十分でないのが残念であるが——先に述べ

た推測を裏づける。また、徳川時代の全国商業網は、地方経済の中心都市が大阪や江戸と結ばれていただけのサテライト型から、地方経済相互間の取引も行われるようになる、「面」の拡がりをもった市場経済への変化があったともいわれている。規模別にみた都市の盛衰にみられる対照は、地方経済の興隆と密接に関連した現象だったのである。徳川日本でみられた十八世紀以降における都市化の停滞は、結局のところ、プロト工業化の所産であった。そして前節でみたように、十七、八世紀の西欧においても数万規模の都市はプロト工業化の犠牲となって成長を止めたり、縮小を余儀なくさせられていた。それゆえ、この点からみるかぎり、西欧も日本も同様の経験をしたということができよう。(9)

そして、私たちが本書のなかでこれからみてゆこうとするのは、このような時代状況下にあった都市、とくに江戸と大阪なのである。しかし、徳川時代の江戸と大阪へと向かうまえに、本書全体の構成と議論の道筋を示しておきたい。

4 本書の構成

次章も、本章とともに導入部を構成する章である。どのような視角から本書の課題に接近を試みるのかを明らかにし、どのような道具立てで分析しようとしているのかの解説を行う。雇用の経済学と人口学とを歴史に援用するための準備である。

第三章からが歴史分析である。最初に〝近世の都市人口において、住込奉公人はどのくらい存在していたか、奉公人をおく世帯はどのくらいの割合をしめていたか〟〝奉公人の比重は時代とともに上がったのであろうか、それとも下がったのであろうか〟という問いから始める。そこから浮び上がってくるのは、十八世紀から十九世紀にかけて、一方では奉公人雇用の拡大、他方ではその人別帳からの消滅という相反する変化である。奉公人、とくに男子の営業奉公人の数が顕著に増加したのは大阪三郷であり、年季奉公がほとんど消滅したところの代表が江戸である。そこで第四章において、両都市の就業構造、とくに商家奉公人制度を検討し、対照的な労働市場のあり方を明らかにする。大阪の商家では雇用の内部化が進行していたのにたいし、江戸の労働市場では雑業者化が広範に起こっていたのである。

第五章では都市の歴史人口学に目を転ずる。ここでの問題は、前章で明らかとなった対照的な雇用構造への動きが人口動態へどのような効果を及ぼしたかである。まず〝都市蟻地獄〟説と呼ばれる通説の問題点を検討することから始め、雇用の効果は結婚と家族形成に表われることを確認する。両都市とも通常の歴史人口学において必要とされるデータが欠如しているが、若干の例外的に良質な資料から結婚市場と家族形成のあり方を推測し、断片的なデータから出生力への効果を読みとる。大阪における奉公人の長期雇用は結婚年齢を高める働きをし、江戸における雑業者化は家族形成を促す効果をもったということが判明するであろう。次いでこの結論を西欧都市のパターンと比較するのが、第六章である。そこでは、大阪の商家奉公人の配偶者選択はきわめて閉鎖的で、彼らの結婚年齢は比較史的にみても高かったこと、他方、雑業者化は西欧の諸都市でも生じていたが、その人口学的効果は日本の江戸および地方都市のほうが明瞭に出ていたことが示唆されるであろう。

最後の第七章において、近代への展望を試みる。まず、明治に再開された都市の人口成長が、その多くを文明開化の装いのもとで生じた雑業者化に負っていたことをみる。大正末から昭和戦前期に始まった本格的な工業化はいわゆる二重構造を発生させたが、大企業の雇用制度の歴史的起源は近世の商家奉公人制度にあり、それがホワイトカラーだけではなくブルーカラーにも適用されるようになったところに、時代の新しさがあることを論ずる。他方、二重構造の下層を構成する〝町工場〟の街は明治に新たな装いをもって拡大した雑業者の世界から分離独立してきたものである。しかし、その世界に独特な熟練形成のあり方を近世都市の職人社会の伝統に求めることはできないこと、むしろ近代になって新たに形成されたものであることが示唆される。現代日本におけるフォーマルな仕組としての企業の雇用制度は近世大阪の商家の世界に起源をもち、大企業にも中小企業にも共通する熟練への態度は近世の農村に淵源をもつというのが、本書のメッセージである。

註

（1）斎藤修『プロト工業化の時代』（一九八五年）、新保博・斎藤修「概説 一九世紀へ」（一九八九年）をみよ。

（2）人口地理学や社会学では、この都市の順位と規模の関係を示す直線が、ノーマルな状態のもとでは四五度線となると主張するひともいる。その場合は、順位・規模法則（rule）と呼ばれることが多い（「序列的規模律」と訳されることもある）。しかし本書では、本当に「法則」があるかどうかの議論には立ち入らず、もっぱら経験的な関係を表現しているひとつの分布図として利用する。なお、その数学的表現の簡単な解説としては、舘稔『人口分析の方法』（一九六三年）、一二二―一二五頁を参照。

（3）以上、Jan de Vries, *European urbanization 1500-1800* (1984) による。なお、農村工業部門を加えた、三部門分割による数値実験は *ibid.* p.226 を参照。

（4）E.A. Wrigley, 'Urban growth and agricultural change' (1985), pp.683-728.

（5）以上、斎藤誠治「江戸時代の都市人口」（一九八四年）による。この論文において著者は、徳川時代の全期間を通じて都市化率は低下したと結論した。スタート時点の一七五〇年の都市化率を、全国人口を社会工学研究所の推計値に依拠し一七％としていたからである。そのため、一七五〇年から一八五〇年にかけて三ポイント以上の低下があったことになり、徳川時代の都市化にかんする通念とは「全く逆の結果」が導きだされたのである。社会工学研究所の人口推計は、太閤検地時、あるいは一六〇〇年における全国人口が、かつていわれていた一八五〇万人という水準よりも格段に低位の一二〇〇万程度であったという推定にもとづいており、その後のマクロ変化の分析と解釈の元となった（たとえば速水融・宮本又郎「概説　17―18世紀」を参照）。しかし筆者は、本書の準備とは独立に行った人口資料の検討から、社会工学研究所や速水・宮本の想定は過大であるとの結論に達した。一六〇〇年の全国人口は、筆者の暫定推計では一七〇〇万人である。その値と、速水・宮本推計による一七〇〇年の二七七〇万人から求められる一六五〇年の全国人口が、表1-4の二二四〇万人である。なお、筆者の推定の根拠については別途報告する機会をもちたい。

（6）このような問題の所在は、梅村又次からのコメントによる。氏の教示に感謝したい。

（7）深井甚三「城下町の住民構成と人口」（一九八三年）。

（8）明治になってからのデータであるが、一八七八年調査の『共武政表』による大阪市の総人口は二九万一五六五五人であったのにたいし、東成・西成両郡において人口三千以上の九町村に人口数は少ないが町の名称をもつ四町を加えた一三ヵ町村の合計は六万八三一九人であった。後者の前者にたいする比は〇・二三四である。（ちなみに、人口三千以上の町村のうち一万人以上の人口を有していたのは天王寺村と難波村であった。）

（9）　T・C・スミス「前近代の経済成長」（一九七三／七七年）、一六七および一六五頁（訳文は若干変更した）。この論文には新しい訳が出た。スミス『日本社会史における伝統と創造』（一九八八／九五年）に収録されており、該当個所はその二六一―二七頁。全国商業ネットワークの変容については、宮本又郎・上村雅洋「徳川経済の循環構造」（一九八八年）による。なお、トマス・スミスが、日本を素材に、しかも欧米でのプロト工業化論が提唱されるより以前に、プロト工業化の時代における都市経済の退潮現象を的確に捉えていたことは強調されてよい。この観点からの評価は、Saito, 'Bringing the covert structure of the past to light' (1989) をみよ。また、ドゥ・フリースのスミスにたいするコメントも参照（*European urbanization*, p.245）。

第二章

雇用の経済学と人口学——本書の視角

ところで、現代もまた都市化が一段落した時代である。本格的な都市化は、松方デフレが終息した後の一八九〇年代にスタートした。第一次世界大戦時の好況を契機に加速化し、戦時中の中断をへて第二次世界大戦後の、高度成長というドラスティックな変動の時期にピークを迎えた。しかし、一九七〇年代から八〇年代に入ると都市の膨張は止まり、逆に「地方の時代」といわれたことさえあった。真の意味での地方の時代はいまだ到来していないようであるが、都市の外延的な拡大は休止したままである。

都市化が進行中の時代は流入者が圧倒的に多く、社会の流動性が高い。それが一段落したときは、社会としての、また経済としての都市の構造がみえやすくなる時代といえないことはない。そこで、現代日本の都市の雇用構造および人口構造を一瞥することによって、これからの分析への手がかりを探すことにしよう。最初に、地理的な観点からみる。

1 都市の二つの顔

どのような都市にも二つの顔となる地域がある。ロンドンのウェスト・エンドとイースト・エンド、東京であれば、エドワード・サイデンステッカーが High City と呼んだ山の手と Low City である下町。こういった対照は、いうまでもなく地理的区分である。が、同時に生活様式の違いをも表現している。典型的な下町っ子とは、食堂の主人、大工、あるいは二、三人しか工員のいない町工場の主であり、山の手の住人は会社員か公務員、ホワイトカラーである。これは私たちが日常的にもつイメージであり、社会学者や文学者が描いてきた構図であろう。バーナード・ショウの『ピグマリオン』が活写しているように、これら二つの地域の人びとのあいだでは、職業だけではなく、着ているものから話し言葉まで異なる。歴史的には、江戸の昔から関東大震災までを下町がまだ文化的優位をもっていた時代、それ以降は山の手が優位にたつ時代と、サイデンステッカーはみるが、いまでも昔でも、こういった空間区分が意味をもっていたことは間違いない。(1)

しかし、この視点が徳川時代の都市社会に有効かどうかは疑わしい。山の手―下町の区別は江戸時代の武家地と町人地の区割に遡るものであるから、徳川社会のホワイトカラーを官僚化した武士とその家族に措定すればよいともいえるが、彼らは町人と身分が異なっていた。現代のエリート会社員にあたる大商人と家族、あるいはその番頭たちを考えるのが自然であろうが、その場合は話が違ってくる。都市の歴史地理学が教えてくれるのは、現代では銀行や商社に勤務する中産階級の住居は丘のうえに拡がる山の手から郊外の住宅地にあるが、徳川時代の江戸や大阪であれば低湿地帯のうえに築かれた町人地、そのなかでも中心部に居住するのが一般的だったからである。この事実は日本に特有のことではない。近代以前のヨーロッパでもそうであった。たとえば、十七世紀末のロンドン・シティの住民を調べると、富裕な市民は中央部、貧民は市壁に隣接した周縁部に居住していたことがわかる。ヨーロッパの都市中産階級の市民が郊外へと、とくに西部の郊外へと居を移動させ始めたのは十九世紀の後半からであった。西欧でも日本でも、郊外の高級住宅地というものは、近代の産物なのである。(2)

それゆえ、問題とすべきは町人人口のなかの区分であろう。現代日本の都市の構造から、町人層の構成を分析するうえで参考となる視角は得られるであろうか。

本書の主題は雇用の経済学と人口学の観点から都市のあり方とその変化を探ることにあるので、次には労働市場に注目しよう。

2　二重構造論

今日の労働市場は二つの異なったタイプの雇用から成りたっている、といわれる。そのひとつは、〝終身雇用〟という言葉に表現されているように雇用期間が長く、したがってまた、同じ企業内での昇進と給与上昇とがかなりの程度保証されているようなタイプである。もうひとつは、雇用期間が短く、したがって離職《クイット》と異動《ターンオーバー》の頻度も高く、企業間あるいは職種間で異動を繰り返すタイプである。

前者の場合、大学卒の男子ホワイトカラーや大企業の「基幹工」が典型であるが、彼らは、学校卒業と同時に企業に就職すると、それ以降はもう労働市場に登場することはないのが一般的である。あるいは、再び登場しなくてもよいだろうという期待をもっている。〝終身雇用〟といわれる所以である。その代り、彼らはその企業内で部課を移動し、支店・工場のあいだで転勤を繰り返しつつ、「幅広い」経験を積重ねて昇進し、昇給をしてゆく。いわゆる年功賃金制であるが、その本質は企業内訓練（on-the-job training, OJT）と内部昇進制が結びついた制度にあるのである。それゆえ、このタイプの労働力は企業内に内部化（internalized）されているといわれ、企業組織内の労働力配分の場は内部労働市場（internal labour market）と呼ばれる。一九九〇年代にはいってこの種の制度は急速に揺らぎ始めたが、これが戦後日本の企業社会のひとつの理念型となっていたことは疑いない。

後者のタイプの雇用の典型はパートタイマーである。とくに第三次産業における雇用は、圧倒的にパートタイマーの比率が高く、その大部分は女子である。しかし、フルタイムの男子労働力にもこのタイプの雇用は見出せる。製造業の中小企業における不熟練労働者や大企業の下請、臨時工・社外工などもこのカテゴリーに属する。一般的なイメージでは、この形態の雇用は底辺の、不利な状況におかれた人びとからなると考えられがちである。実際、景気が後退した局面ではそうなのであるが、他方、経済が上向きの時期には、腕一本で、あるいは機敏な転職によってかなりの収入を得ることも可能なのである。ようするに、この第二のタイプは不定形《インフォーマル》の、雑多な職種からなる部門だといってよい。

内部労働市場の問題は、市場対組織という観点から考えることができる。すなわち、内部労働市場とは組織原理が市場を取りこんだところで成立する形態と形容することができる。この場合、外部の労働市場は長期雇用契約の取引の場として機能しているわけである。組織原理にもとづいた人的資本配分メカニズムの対極にあるのがスポット・マーケットのメカニズムであろう。スポット・マーケットとは財の需給アンバランスが瞬時のうちに調整されるような市場であるが、労働の場合、それに近いのが臨時雇用（casual labour）の労働市場である。企業にとって、労働市場を内部化することの利点は、「広く深いキャリア」、すなわち「幅広い熟練」をもつ、しかし獲得された知識と技能がその企業でしか役に立たないという意味では企業特殊的（firm-specific）な人材を、子飼の労働力として養成できるというところにある。他方、この種の労働力の雇用を、市場条件の変化などに応じて短期的に増やしたり減らしたりすることは難しい。臨時雇用を利用することの大きなメリットは、まさにこのような雇用量の調整が容易にできる点にある。中小あるいは零細規模の企業の多くが臨時雇用、あるいはそれに近い形態の労働力に依存しているのは、そのためである。と同時に、大企業でも、基幹労働力を内部化する一方で、かなりの部分を臨時工、社外工、下請などに委ねているのも、同じ理由からといってよい。それゆえ、これら二つの雇用タイプとそれに対応し

図２－１　労働市場の二重構造

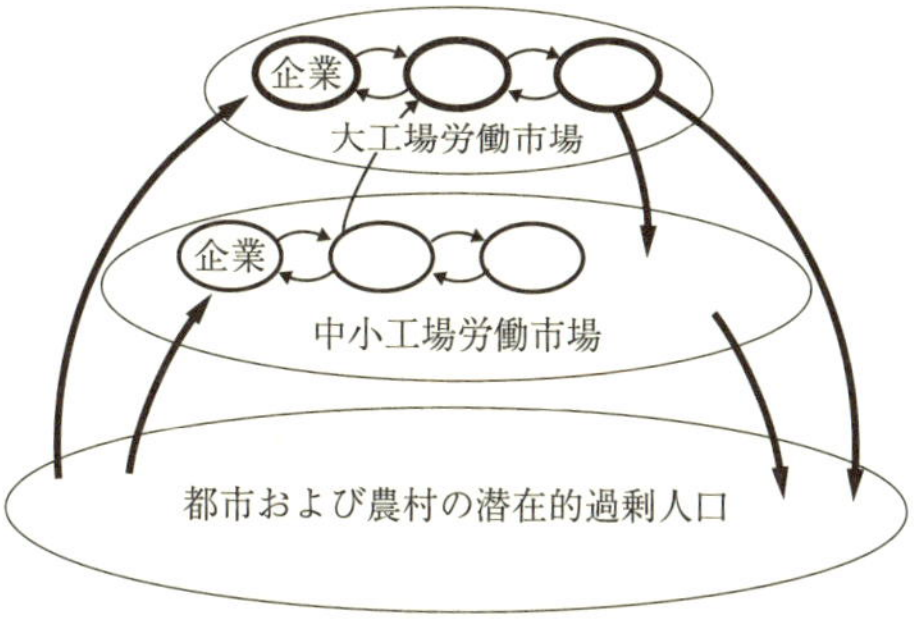

出所：氏原正治郎『日本労働問題研究』(1966年)，424頁。
註　１）これは1950年代初めの京浜工業地帯の実体調査結果をもとに作成された，製造業における労働市場の模型図である。
２）矢印はひとの流れを表わし，その太さが太いほど移動量が多いことを示す。
３）労働市場のなかに描かれた楕円は企業を示し、その枠が太いところは封鎖性が強いことを表わす。大工場労働市場における企業は中小工場労働市場における企業よりも太い枠で囲まれているので，それだけ労働力が“内部化”されていることを意味する。

た労働市場とは、どのような時代のどのような経済であれ、雇用者と被雇用者がいるかぎり存在する(3)。

労働経済学において二重構造という概念は、通常、賃金の格差構造にかんしていわれることである。実際、右に述べた雇用の二形態は、賃金・給与面における格差となって現われることが多いからである。二十世紀初頭の重化学工業化スパートとともに出現した、わが国の賃金二重構造は、雇用労働力における二つの異なった階層——すなわち、一方では大企業の勤続年数の長い子飼労働力グループと、他方では、中小企業の移動の激しい労働者グループとが並存するようになったという事実と密接に関連していたといわれる(4)。

図2-1は、戦後、高度成長が始まる前の京浜工業地帯についての実態調査にもとづいて、氏原正治郎が描いた労働市場の模型図である。(5) このモデルは三つの層からなっている。都市および農村の労働供給部門と、相対的に独立した二つの労働市場とからである。大工場労働市場と中小工場労働市場とが相対的に独立していたということは、中小から大への上向移動が細い矢印で描かれ、かつまた大企業のほうが中小よりも太い枠で囲まれている、つまり企業閉鎖的であるという点に現われている。大企業の労働者は、労働供給人口のなかから「無垢」の新規学卒者が選抜され、子飼の「基幹工」として養成される。すなわち、内部化されるのである。したがって大企業労働市場からは、何らかの理由でそこから脱落したものだけが中小企業へ、あるいは「潜在的過剰人口」のプールであると氏原が考える最下層へと転落し、転々と雇用先を変えることになる。これにたいして、中小企業労働市場と潜在的過剰人口のプールとのあいだは、労働の出入がかなり頻繁に行われているという意味で相互浸透的であり、したがって二本の太い矢印で結ばれているのである。

この氏原モデルは、あくまでも製造業におけるブルーカラー労働者の労働市場を対象としており、また、潜在的過剰人口がまだ存在するが、一方では中小企業においても企業閉鎖性があるていど高まってきていた戦後の状況を示すものである。とはいえ、流動性という点で対照的な労働市場が戦前から存在していたということ、とくに中小工場では流動性が高かったという点については、実際に、氏原が調査対象とした京浜工業地帯の中小企業で働いてきたひとの証言がある。図2-1には明示的に現われていない技能・技術の側面にも触れているので、ここで引用しておきたい。旋盤工として、大森・蒲田地区の〝町工場〟で仕事を続けながら作家活動をしている小関智弘は、『大森界隈職人往来』のなかで次のように書いている。

「そのころ［戦前］、町工場で一人前の職人になるには、丁稚小僧と呼ばれる年期奉公を勤めなければならなかった。のちにわたしと同じ町工場で十年ほど働いた藤井幸男さんは、昭和十年に十四歳で年期奉公に入り、徴兵検査まで給料は十五円だったという。…… それからさらに兵役まで、お礼奉公という名のもとに働かなければならなかったという。年期があけた昭和十六年には、月給が九十円にもなった。

「戦前から、渡り職人という名で呼ばれた系譜に入る人達は、地縁や血縁の他に、いうなれば仕事縁とでも名付けられるようなつながり方で、工場を渡り歩いた。

「町工場を渡り歩く職人は、ゆるやかな渦を巻いて流れたが、どこかの杭にひっかかっては新しい技能を身につけ、工場世界についての見聞をひろめて、また杭を離れた。」

この世界では、学卒者が子飼の工員となって一生を過ごすということはなく、藤井さんのような腕のよい職人的スキルをもつ労働者は転々と勤務先を変えていったのである(6)。

ただ、「渡り職人」という言葉は過去の徒弟制下の一形態を指すものであり、小関の文章から読みとれるように、「年期奉公」と「渡り」の組合せが技能習得・熟練形成と技術伝播の役割を果たしていたことは重要である。それが中小工場をして、マイクロ・エレクトロニクス化でNC旋盤やマシニングセンタが普及しても「NC機を手足のように使いこなせるNC職人」を産みだし、多品種少量生産に柔軟に対応しようとすることを可能にした。逆に、大工場の真似をして「スケールメリット」を追求しようとしたところは没落してしまう、と森清がいうように、資本集約・大量生産とは異なった技術体系をもつ世界である[7]。こうしたスキルおよび技術からの視点が欠けている点は氏原図式の問題点といえよう。ただ、小関からの引用にある労働市場の流動性にかんする含意自体は図2-1と同じである。

しかし、二重構造をなす現代都市の下層のすべてが製造業ではない。サービス業化が進行する現在、圧倒的大部分は第三次産業となりつつある。その一方で、上層を構成する人びとにはホワイトカラーも存在する。大学卒のホワイトカラーや、他方ではサービス業の労働力を考慮にいれると、この図式はどのようになるのであろうか。

大企業の大学卒ホワイトカラーにかんしては、同じ大企業の基幹工と同様、終身雇用であった。すなわち、内部労働市場化の度合が大であり、その供給を潜在的過剰人口のプールに依拠することもなかった。他方、サービス業では——業態による差が大きいが、あえて一般化すれば——内部労働市場の形成はみられず、流動性が大きかった。業種によっては、潜在的過剰人口からの流入が容易であり、実際、それが顕著であった時期もあったであろう。とくに、両大戦間の恐慌時には小売業の肥大化が観察されたが、それは偽装失業の一表現であったといわれている[8]。しかし、重要な点は、潜在的過剰労働力が存在するか否かとは別に、本質的に内部化と無縁の部門があるということであろう。事実、最近のサービス産業では、その雇用がますます流動的となる方向に向かっているのである。

結局のところ、私たちは三つの雇用市場モデルをもっているのである。その第一は、ホワイトカラーおよびエリート・ブルーカラーにみられる、技能習得が内部化され、かつ昇進というかたちで異動が企業内で行われる形態である。その特質はすでに述べたとおりなので、繰り返さない。

第二は町工場モデルである。技能の習得がOJT——右の引用文では「丁稚奉公」といわれていた——によって工場内で行われ、その期間がかなりの長さになるという点では、大企業のシステムと似ていないことはない。しかし、町工場モデルの特徴は、徒弟奉公に続くのが「渡り」という形態という点である。それは、労働力の移動が外部の労働市場——小関のいう「仕事縁」——を通じて行われるということを意味する。このOJTと流動的な労働市場との組合せが第二のモデルである。

第三は、内部化が欠如した、完全に流動的な形態である。この形態の特質もすでに述べたので繰り返さないが、本書が対象としている時代状況からして、このタイプの雇用が支配的な部門を今日の途上国における都市の雑然としていて捉えどころのないインフォーマル・セクターからイメージしても、そう的外れではないことは付け加えておこう。いずれにせよ、以上三形態の対比は、第四章以降の分析において重要な役割を演ずることになろう。

これら三つの組合せから、二重構造といっても二つのモデルがありうることがわかる。ひとつは労働市場の第一タイプと第二タイプからなる図2-1の氏原モデル、もうひとつは労働市場の第一タイプと第三タイプが結合したモデルである。前者が日本の工業化過程を叙述するうえで有効と考えられてきたこととの対比でいえば、後者は脱工業化した時代の都市モデルといえるかもしれない。

すでに前章で指摘したように、徳川後期の大都市もある意味で脱工業化した都市であった。本書の第四章では、右の第二の意味における、分極化した二重構造と近似した現象が、工業化の開始に先立つ幕末・維新期の都市経済においてもみられたことを明らかにしたいと思う。その下層部分を構成するインフォーマル・セクターはもともと形成の要件が多くないので、この議論のポイントは上層部分の形成にある。すなわち、徳川時代の商家の世界では雇用の内部化が、比較史的にみても顕著に進み、それが特異な二重構造の生成に帰結したのである。そしてそれは、日本社会に固有の特質に根ざすものでも、あるいは逆に外的な影響のもとに生じた現象でもなく、徳川時代を通じて、とくに十八世紀から十九世紀にかけて徐々に形成されたものであったことも明らかにされるであろう。本書のサブタイトルが「近代日本の都市起源」である理由の一端は、ここにある。

誤解を避けるためにいっておけば、これは、二重構造が徳川時代の伝統社会に起源をもつ、きわめて日本的な現象であるということを主張しようとしているのではない。労使関係論、経営学の分野では以前より、経営家族主義、日本的経営論が盛んであるが、その源流は徳川時代の伝統的商家経営に求められる。また、一九二〇年代の製造業ブルーカラー労働力における二重構造の出現にかんする説明にも、徳川時代を通じて商家で培われてきた家族主義ないしはパターナリズムが重要な要因として登場することがある。(9) この種の議論の多くは〝イエ〟意識にもとづく商家の労使関係(奉公人制度)の特質を、ある条件のもとに歴史的に形成されたと考えるよりは、日本社会の特質に根ざすと考える傾向が強い。しかし歴史研究の側からみたとき、このような日本文化論的接近はけっして満足できるものではない。徳川時代における商家の雇用制度がどのような条件のもとに形成されたのか、それは他方における短期契約の、流動性の高い雇用労働市場の拡大という動きとどのように関連していたのかが、問われなければならないであろう。

もうひとつ付け加えておくべきは、以上の議論が、二重構造の第一モデルの起源は徳川時代の都市にないことをも含意している点である。小関からの引用文中にあった「年期奉公」とか「お礼奉公」という言葉遣いは、戦前昭和期における中小機械工業の世界が〝徒弟〟制度のうえに成立っていたことを示していた。一見したところ、その起源もまた徳川時代の都市職人の仲間組合に遡るかのごとくである。しかし、本書第四章および第七章での検討は、過去からの遺産のようにみえる町工場の徒弟制と江戸の職人世界とのあいだには断絶があったことを示すであろう。森清は、〝町工場〟的な工業化を「もうひとつの近代」と呼んだが、その起源は徳川時代の都市経済とは別のところに求めねばならない。(*)

＊　近年、谷本雅之が提唱するところの、繊維産業の実証研究にもとづいた〝もう一つの工業化〟論は、農村の

在来産業に焦点をあてる。本書の第七章は、町工場の起源もまた農村に遡ることを示唆するであろう。ただし、機械工業の場合は繊維産業のように連続性を強調することはできない。生産形態上でも立地の点でも大きな転換を経験しなければならなかったが、その転換にはある種の触媒が必要であったと思われる。そこが農村型の繊維産業などと異なる点である。[10]

3 流動と定着

前節では労働市場の流動性を問題にした。ここでは人口の流動に目を転じよう。人口の流動性が高いことが都市の特質のひとつ、と考えられてきたからである。

近代の都市社会学が最初に注目したのは、社会病理の側面であった。産業革命と近代経済成長は農村から都市への大量の人口移動を引起こしたが、その人口流動が近代以前の社会を構成していたゲマインシャフトの解体をもたらすと考えたからである。とくに、戦前のシカゴ学派の社会学者たちにその傾向が強かったといわれる。そのリーダーのひとりルイ・ワースが一九三八年に著した論文「ひとつの生活様式としてのアーバニズム」は、都市というものをたんに人口の規模と密度だけではなく、その構成メンバーの異質性という観点から捉えようとした。そこから都市特有の性格、非人格性、一過性、断片性、匿名性、分裂質気質などが生まれ、その結果として自殺や犯罪の発生、予測不可能な大衆行動、アノミーといった近代都市社会の病理が現われることになるという。[11] このような思考法は、しかし、アメリカのシカゴ学派にかぎられなかった。多くの社会学者、民俗学者、歴史家に共有されていたといっても過言ではないであろう。たとえば、「『孤立の淋しさと不安』にこそ、『都会風』すなわち都市文化の基層がある」というのが、柳田國男の都市民俗学に一貫して流れるモティーフであったといわれる。彼が語る都市は必ずしも近代の都市ではなかったが、「今日の都市生活は非常に希望の多い時代と言へると共に、又乱雑至極の時代とも言ふことが出来る」とは、ワースの論文より一〇年近くまえに出版された『都市と農村』における柳田の言葉であった。(12)

「異質性」や「乱雑」さの背景には、都市が人口流入によって自己再生産し、また拡大してきたという事実、それに加えて、流入してきた人口の流動性も高いという事実がある。もっとも、それがすべて「一過性」や根なし草的性格につながるわけではないであろう。事実、柳田自身も『都市と農村』の、農民離村と都市集住の歴史を扱った章を、「都市を世間と考へた人々」という項をもって始めている。すなわち、「用が済めばさつさと還つて行くだけ」の時代にあっても、「質朴なる人々は、斯んな人込場を端的に世間と名づけつゝ」「夙くから都市に向つて居た」。そして、「幽かながらも本拠を田舎に持つか、さうで無ければ身一つの者」が、最終的には「妻を持ち子を育て終に裏店の一生を送らせる」ことができるようになるということもまた、現実の傾向であった。「都市は永遠に爰に住み付かうといふ意気込の者が、多くなつて行くと共に活き〳〵として来た」というのである。(13)

「永遠に爰に住み付かうといふ意気込」は人口の定着を促す。実際、都市といえども、そこに住みつき、仕事を得、家族をもち、子供を育て、そこにコミュニティをつくる人びとを無視することはできない。わが国の第一世代の理論社会学者で、ワースらのシカゴ学派を批判した鈴木栄太郎は、「都市の生活が如何に複雑混乱をきわめていようとも、世帯と職場が都市生活を支えている二つの支柱である」と宣言していた[14]。これは、都市社会への定着の面からの接近にほかならない。柳田の都市民俗学にも、都市史を出稼型から定着型への変化の歴史と捉える視点があった。いいかえれば、都市の分析においても、流動に加えて定着の側面をも考察の対象にする必要があるということなのである。

ただ、流動から定着を歴史の必然的流れと考える必要はない。都市の流動化と定着化とは、都市経済のタイプ、前節でみた意味での雇用のタイプ、都市人口の拡大・安定・縮小などの要因によって、むしろ循環的に、繰り返し現われる局面現象だというべきであろう。そして、人口の流動と定着とでは、結婚、家族形成、出生行動といった、人口行動への影響が異なり、ひいては都市自体の人口再生産に影響する。そこで、次に都市の人口学的側面に目を向けよう。

4　都市の歴史人口学

近代経済成長と都市化の局面と相前後して起こった人口学的変化は、人口転換（demographic transition）である。高出生率-高死亡率の状態から低出生率-低死亡率の状態への移行をこう呼ぶ。

一般に、この人口転換過程は工業化や他の社会経済的変化と関連した現象と考えられている。とくに近代経済成長とのあいだにはかなり密接な対応関係を想定するのが古典的な理解である。近年はこの古典的理論にたいして、とくに人口転換の初期局面と、解釈の前提となる転換以前の人口-経済システムの理解をめぐって深刻な疑問が出されているが、ここでは論じない。[15] 本書では、それらの議論においてやや等閑視されてきた嫌いのある、もうひとつの社会経済史的変化である都市化に焦点をあてて、人口転換との関連を考える。

都市化の歴史人口学においても、問題となるのは転換の初期局面と、解釈の前提となる転換以前の状態の理解である。都市における変化過程は、通常、「都市の人口転換」(urban demographic transition)と「移動革命」(mobility revolution)あるいは「移動転換」(migration transition)という、二つの並行する現象からなっていたと考えられている。[16] すなわち、高出生率と際立って高い死亡率の状態から低出生率-低死亡率の状態への移行と、低移動率から高移動率への移行とである。そこで、それぞれの面について問題をみてゆこう。

まず最初に都市の人口転換論について。この議論の前提となっているのは、近代経済成長以前の都市でみられたのは、たんなる高出生率-高死亡率の組合せではなく、現在よりは高いが当時の農村よりは低い出生率水準と、現在と比較すればもちろん、当時の農村よりもはるかに高い死亡率水準とであった、という認識である。このうち後者に、すなわち死亡率水準の際立った高さに注目した場合、それを都市の「墓場効果」(urban graveyard effect)、あるいは蟻地獄機能と呼ぶ。相対的に健康な農村から都市に流入してきた人びとを死の危険に曝すような効果だからである。この効果が働いている状態では、都市人口の自然増加率はたえずマイナスとなるであろう。そして、その解釈によるかぎり、都市の人口転換とは、人口の自然増加率がマイナスの状態から、死亡率の低下によってプラスの自然増加率の状態へ、そして出生制限の普及によっていっそう低い自然増加率水準へ落ちつく過程だということになろう。

　これが定説として広く受けいれられている見解であるが、実際にはいくつかの問題点がある。近代以前の社会において都市人口の自然増加率は常にマイナスであったのであろうか。たしかに都市の死亡率水準は高く、とくに大都市で高かった。大都市ほど人口稠密であったので、死亡率は人口密度の関数であったのである。リグリィは、都市の普通死亡率が千分の五〇をこえることは珍しくなかったという[17]。それゆえ、自然増加率が恒常的にプラスであった可能性は小さい。しかし、自然増加率は普通《クルード》出生率マイナス普通《クルード》死亡率である。自然増加率がマイナスであったということの原因は、死亡率の高水準だけであったのであろうか。出生率の低さにも目を向けるべきではないだろうか。

　出生率を問題とする場合でも、その原因としては二つの異なった要因が考えられる。ひとつは産児制限による出生力の低さである。ルイ・アンリのジュネーヴにかんする古典的研究が示すように、都市のブルジョワ家族は何世紀もまえから意識的な出生制限を広範に実施していたかもしれないのである[18]。第二は、結婚性向の低さである。一般に都市では、奉公人や徒弟が多かったため性比がアンバランスで、結婚年齢は高く、有配偶率が低かったといわれている。これは徳川日本の場合、すでに同時代人が指摘していたことであるが、西欧にかんしても同様の問題提起がなされている。[19]

最後に、変化のあり方にかんしても問題が残っている。はたして死亡率の改善が唯一の変化要因だったのであろうか。英国の場合、産業革命期にかけて都市人口密度の上昇とともに、その死亡率水準も上昇したのではないかという指摘がある。[20]他方、出生率サイドで変化が生じていたかもしれない。これは右に指摘したことの延長であるが、実際、都市労働市場の変容、たとえば前節でみたようなタイプの異なる雇用の需給バランスの変化や、結婚市場における需要と供給の変化に応じて結婚性向が高まったり、その結果として出生率が上昇したりすることもありえないことではなかった。[21]

次に、移動革命論についてはどうか。一般に、社会の（いわゆる）近代化とともに移動の自由が増大し、それが移動率の上昇となって都市化をさらに促進する要因になったと、漠然と考えられてきた。けれども、本当にそのような転換はあったのであろうか。人びとの移動性向が革命的に変化したという想定は正しいのであろうか。事実、ヤン・ドゥ・フリースは、一七〇〇年ころから一九〇〇年ころまでの二世紀間における三都市、アムステルダム、ベルリン、ストックホルムへの純流入率の推移を検討し、その間、その値が「驚くべきほどコンスタントであった」ことを見出している。この観察にもとづいて彼は、「移動率の変化にはあまり重要性を与えることはできず（というのは、その値は初めから移動革命論で考えられているより高かったからである）、代わって出生率

と死亡率における都市-農村間格差の変化を強調」すべきであろうと結論するのである。(22)

この議論を別の面からサポートすることができる。すでにみたように、人口転換以前の都市における自然増加率はマイナスであったから、その事実自体、都市への人口流入が無視しえない程度において絶えず存在していたことを含意する。たとえ都市の成長がなく、人口が横ばいであったとしても、自然増加率のマイナス分を補うだけの流入人口がなければならないからである。実際、トニー・リグリィは一六五〇—一七五〇年のロンドンにかんする、いまや古典的といえる論文において、この間の都市成長の背景には年当り八千人の流入超過があったと推計している。最近の人口推計値に照らしてみれば、これは全イングランド一六—二四歳人口の約一〇%に相当する数字である。これが純量《ネット》であったこと、すなわち流入人口総数はもっと多かったこと、ロンドン以外の都市への移動者も少なからず存在したであろうことを考慮すれば、近代経済成長以前における移動性向は予想以上に高かったといえよう。(23)

もっとも、この高水準の移動率の原因がもっぱら都市の蟻地獄効果にあったと考えるのは単純にすぎよう。結婚性向をも考慮にいれなければならない。ジョン・ヘイナルによって「北西ヨーロッパ型」と特定化された、結婚と家族形成のパターンが支配的な地域では、両性はともに晩婚で、その高い結婚年齢に達するまでの長い青年期を奉公人ないしは徒弟として他人の世帯を転々として過ごした、といわれているからである。とくにイングランドの場合、家事奉公や徒弟奉公に出るのは、必ずしも家が貧しいからではなく、むしろ一人前の男女にとっては「ライフサイクルの一環」であり、そのようなライフサイクルの一環としての奉公は農村から都市への移動のみならず、農村から農村への移動をも特徴づけていた。別ないい方をすれば、高い移動性向は、都市・農村を問わず初めから北西ヨーロッパ社会にビルトインされた特質だったのである。(24)

この最後の点は、もうひとつの含意をもつ。産業革命以前の社会における移動を考えるとき、重要なのは農業村落から都市への動きだけではない。農村内部における純農村間の移動、純農村から工業村落への移動、大都市と町場のあいだの移動などをも考慮にいれるべきなのである。プロト工業化論の都市史研究にたいする意義も、まさにこの点に存する。再度ドゥ・フリースの著作やリグリィの研究をみるならば、そこでは、従来の都市・農村の二部門モデルの代わりに、農村工業部門を加えた三部門モデルで考えることの重要性が強調されていたのである。(25)

本書の第五章は、歴史人口学におけるこのような研究状況を念頭におかれて書かれている。すなわち、プロト工業化の時代における都市の人口学である。

他方、それは第四章でなされるであろう観察との関連をも重視する。労働市場における二重構造の形成という点からみるとき、江戸と大阪の経験は——後に詳しく述べるように——非常に異なっていた。その相違の歴史人口学的帰結は何であったか。とくに人口学方程式の結婚および出生率サイドにおいて、どのような違いがもたらされたか。このような観点からも、江戸と大阪のコントラストに新たな光をあてることが意図されている。また、すでに触れたように、都市化のパターンの点でも、また雇用構造上の変化が人口再生産に与える影響についても、西欧と日本ではいくつかの興味深い並行現象が観察されたり、示唆されている。それゆえ、第三―五章の議論を比較史の文脈のなかにおいてみるのも有意義なことであろう。第六章ではそれを試みる。

註

(1) サイデンステッカー『東京 下町・山の手』(一九八三／八六年)、陣内秀信『東京の空間人類学』(一九八五年)などを参照。

(2) パウンズ『近代ヨーロッパの人口と都市』(一九八五／九一年)、一五一頁。日本の大阪・東京における郊外化は、鈴木博之『都市へ』(一九九九年)、第六、八章を参照。

(3) 内部労働市場とスポット・マーケット的な労働市場の対比については、青木昌彦・伊丹敬之『企業の経済学』(一九八五年)、一三三頁。内部労働市場論の適切な解説としては、島田晴雄『労働経済学』(一九八六年)、七七―八三頁を参照。日本企業の雇用制度と熟練形成にかんしては、とくに小池和男『職場の労働組合と参加』(一九七七年)、『日本の熟練形成』(一九八一年)、『仕事の経済学』(一九九九年)から多くの示唆をうけている。内部労働市場の拡大は現代資本主義経済の特徴のひとつであるが、しかし他方で、そのことは不定形で流動性が高く、雑多な職種からなる部門の縮小を意味しなかった。この後者の観点から二重構造生成のメカニズムを論じた論文として、内部労働市場論の提唱者でもあるマイクル・ピオーリの 'Dualism as a response to flux and uncertainty' (1980) は興味深い。ピオリ＝セーブル『第二の産業分水嶺』(一九八四／九三年)、C. Sabel and J. Zeitlin, 'Historical alternatives to mass production' (1985) をも参照。

(4) 尾高煌之助『労働市場分析』(一九八四年)を参照。

(5) 氏原正治郎『日本労働問題研究』（一九六六年）、第二章「労働市場の模型」。
(6) 小関智弘『大森界隈職人往来』（一九八四年）、五二―五三、一三三、一五六頁。
(7) 森清『町工場――もうひとつの近代』（一九八一年）、小関智弘『町工場の磁界』（一九八六年）。
(8) 宮本又郎・平野隆「商業」（一九九六年）、三五〇頁。さらに最近、攝津斉彦は、小売業の業態のなかでも、とくに技能習得期間が短く、小規模なところで不況期の新規参入が多かったことを明らかにしている。
(9) たとえば、間宏『日本労務管理史研究』（一九六四年）をみよ。また、製造業の賃金格差にかんする実証分析において、安場保吉も商家経営の「伝統」に触れている。Yasuba, 'The evolution of dualistic wage structure' (1976).
(10) 谷本雅之『日本における在来的経済発展と織物業』（一九九八年）、「もう一つの『工業化』――在来的経済発展論の射程」（一九九八年）。
(11) Wirth, 'Urbanism as a way of life' (1938) による。引用は p.21 より。
(12) 柳田国男『都市と農村』（一九二九／六二年）、三〇九頁。中井信彦『歴史学的方法の基準』（一九七三年）、一三二頁も参照。
(13) 柳田『都市と農村』、三〇三、三〇四頁、および同『明治大正史世相篇』（一九三一／六三年）、二一五頁。
(14) 鈴木栄太郎『都市社会学原理』（一九五七／六九年）、一七三頁。
(15) 斎藤『プロト工業化の時代』、三四頁以下、および同「歴史人口学――成果と展望」（一九九六／近刊）を参照。
(16) W. Zelinsky, 'The hypothesis of the mobility transition' (1971); A. Rogers, 'Migration patterns and population redistribution' (1979).
(17) リグリィ『人口と歴史』（一九六九／八二年）、一〇一頁。なお、人口密度と死亡率の相関関係は「ファーの法則」と称される。その簡単な解説は、斎藤修「都市蟻地獄説の再検討」（一九八九年）を参照。
(18) L. Henry, *Anciennes familles genevoises* (1956).
(19) 本書第三章における、対馬藩の郡奉行であった儒者陶山鈍翁からの引用をみよ（七一頁）。ヨーロッパ都市史にかんしては、次の論文を参照。A. Sharlin, 'Natural decrease in early modern cities' (1978). この問題提起を受けて、同じ誌上に批判と応答が掲載された。*Past and present*, no. 92 (1981), pp.169-80.

(20) たとえば、E. A. Wrigley and R. S. Schofield, *The population history of England, 1541-1871* (1981) をみよ。

(21) A. M. van der Woude, 'Population developments in the northern Netherlands (1500-1800) and the validity of the "urban graveyard" effect' (1982) がこのような問題提起を行い、最近ではクリス・ギャリィが、イングランドのヨークについて実証の努力を行っている。C. Galley, 'A model of early modern urban demography' (1995); *The demography of early modern towns* (1998).

(22) de Vries, *European urbanization*, p.234. 傍点も括弧内も原文のまま。

(23) Wrigley, 'A simple model of London's importance in changing English society and economy' (1967). 年齢別の人口統計は Wrigley and Schofield, *op.cit.* pp.528-29 による。

(24) J・ヘイナル「前工業化期における二つの世帯形成システム」(一九八三／近刊)。「ライフサイクルの一環としての奉公」という概念はピーター・ラスレットのもので、P. Laslett, 'Characteristics of the Western family considered over time' (1977b)、および『われら失いし世界』(一九八三／八六年)、三四頁を参照。また、農村の奉公人にかんする最良の実証研究は A. Kussmaul, *Servants in husbandry in early modern England* (1981) である。

(25) de Vries, *European urbanization*; Wrigley, 'Urban growth and agricultural change' をみよ。P. H. Hohenberg and L. H. Lees, *The making of urban Europe* (1985) にも同様の発想法がみられる。

第三章　奉公人のゆくえ

導入部の二章で提起した問題へ接近する手がかりとして、まず奉公人を取りあげる。近世都市において奉公人という形態の雇用労働者が量的にどのくらい存在していたか、そのデータと、そこからの観察事実をサーヴェイすることから話を始める。しかしその前に、なぜ奉公人が問題となるのか、なぜ都市奉公人なのか、ということの説明は若干必要であろう。

1　奉公人の消えた都市、増えた都市

洋の東西を問わず、また都市・農村を問わず、年季奉公はもっとも典型的な伝統的雇用形態であった。それは、雇用者の世帯内に住込む（live in）という形をとることから、わが国ではしばしば〝家族的〟とも〝封建的〟とも形容されてきた。たとえば、昭和の初めに出版された『商業使用人問題の研究』では、封建制度・家族制度の崩壊にしたがって生じた丁稚（奉公人）制度の衰退につ

いて一章を割いている[1]。また法制史家は、主として近世の農村を対象として質物奉公・居消奉公という金銭貸借絡みの長年季奉公から、雇用契約にもとづいた短年季の奉公へ、さらには半年季、日割ベースの雇用へという変化が起こっていたことを実証的に跡づけてきた。それは戦後盛んに行われた、経済史家による農村史研究の成果とも合致する[2]。都市においてこれに対応する動きは、日雇稼を含む雑業者グループの拡大であろう。けれども、このような趨勢が徳川時代から明治期にかけてみられた唯一の変化の方向であったのかどうか、疑問である。都市における商家の労働力についても徳川時代を通じて同様の変化が生じていたのかどうか、農村史における場合と同様の実証レベルでの検討がなされているとは必ずしもいえない。商家奉公人にかんしては、日本的経営の源流といった観点からの研究が多かったからである。

一般には、近代以前の都市における労働力の主要部分は年季奉公人からなっていたと思われているようである。実際、都市の側からすれば商家の丁稚や手代、職人の家の徒弟は、住込の年季奉公人であったし、他方農村の側からすれば、都市へ出稼にゆくということはすなわち〝奉公に出る〟ことに他ならないといわれてきた。

このようなイメージは、歌舞伎や浄瑠璃の世界のものでもある。たとえば、「お染久松袂の白しぼり」としても知られる『新版歌祭文』のなかで、大阪東横堀瓦屋橋の質商油屋が丁稚、久松の養父は、野崎村の場で次のようにいう。

「草深い在所に置こうより、他人の中を見せたさに、智恵付けのため油屋へ丁稚奉公、これまでに成人して商売の道読み書きまで、人並みになったはコリャ親方の大恩……」(3)

もちろん仔細にみれば、近松や西鶴などに登場する大阪の丁稚や手代は、すべてが「在所」、すなわち田舎の出身とはいえない。一例をあげれば、『曾根崎心中』の徳兵衛は、内本町の醬油商平野屋の手代であるが、

「己が旦那は、主《あるじ》ながら現在の伯父甥、おれも奉公に是程も油断せず、この正直を見て取って、内儀の姪に二貫目つけて女夫にしようという談合、……」(4)

と序章で述べているように、都市の商家の、しかも姻戚関係にある家の出身なのである。この点は、後に問題とするように重要なポイントなのであるが、しかし、都市の奉公人は田舎者という観念は、昔からいまにいたるまで非常に強いといえる。

前章でも触れたように、近世都市の人口学的特質は、性比（女子を一〇〇としたときの男子数）の高さと、それに伴う有配偶率の低さとにあると、しばしば指摘されている。事実、十八世紀前半の江戸は男子過剰で、性比は一七〇から一八〇という異常な高さであったし、また城下町の有配偶率の低さは、

「府中［城下町］には妻を持不レ申下人［奉公人］多く、郷村には妻を持不レ申下人少き故」

という、同時代の儒者であり、対馬藩の郡奉行であった陶山鈍翁《すやまどんおう》の言葉もよく知られている。すなわち、性比のアンバランスも単身者の異常な多さも、ともに農村からの男子住込奉公人の大量流入を前提として生じうる現象であった(5)。

けれども、人口のなかで奉公人が実際にどのくらいの割合をしめていたのか、あるいは奉公人を雇用する世帯がどのくらいあったのかという点は、これまで意外なほど問題にされたことがなかった。そこで本章では、これまでの都市研究のなかにみられるファクト・ファインディングスと所在を知りえた町方人口資料とから、この素朴な疑問に答えるべくサーヴェイを試みる。その結果浮かび上がってくるのは、一方では住込奉公人の実質的な消滅と、他方ではその特定地域への集中という、相異なる方向への変化が、徳川後半を通じて起こっていたという予想外の事実なのである。

2　幕末・維新期の実態

表3-1は時点を一八六〇年代とその前後にとり、三都、とくに江戸と大阪を中心に、その他に若干の城下町と在郷町を加え、都市における奉公人人口のあり方をいくつかの指標によってみてい

表3－1　幕末・維新期の町方奉公人

		年次 (1)	世帯数 (2)	平均世帯規模 (3)	世帯当り奉公人 (4)	奉公人雇用世帯比率 (5)	奉公人人口比率 (6)	奉公人性比 (7)
江戸			戸	人	人	%	%	
I	日本橋本石町二丁目[1)]	1869	103	6.06	2.14	41.7	35.2	n.a.
II	神田松田町[2)]	1870	117	4.50	0.17	6.0	3.8	n.a.
	四谷伝馬町新一丁目[3)]	1865	96	3.94	0.09	5.2	2.4	すべて男子
	麴町十二丁目[3)]	1865	143	4.01	0.03	2.8	0.7	すべて男子
III	渋谷3ヵ町[3)]	1867	229	4.03	0.004	0.4	0.1	男子(1人)
京都								
	*四条立売中之町[4)]	1863	69	4.06	0.77	33.3	18.9	178.9
	五条橋東二丁目東堀[5)]	1863	19	6.37	2.10	57.9	33.1	233.3
	白楽天町[6)]	1868	22	4.64	1.00	36.4	21.6	450.0
	亀屋町[6)]	1868	39	3.90	0.67	20.5	17.1	420.0
大阪								
I	尼ヶ崎一丁目[7)]	1866	85	6.20	3.06	83.5	49.3	87.1
	高麗橋三丁目[7)]	1869	74	4.80	1.59	48.6	33.2	93.4
	梶木町[7)]	1864	130	4.98	1.48	79.2	29.6	65.5
	七郎右衛門町一丁目[7)]	1870	70	4.67	1.21	41.4	26.0	97.7
	上人町[7)]	1870	72	4.54	1.13	44.4	24.8	153.1
	*道修町三丁目[8)]	1860	90	6.09	2.89	83.3	47.4	134.2
	平野町二丁目[8)]	1860	94	5.76	2.45	68.1	42.5	71.6
II	*菊屋町[8)]	1860	84	5.33	1.88	59.5	35.3	192.6
	木挽町南之丁[8)]	1860	75	4.35	1.24	58.7	28.5	106.7
III	*御池通五丁目[8)]	1861	176	4.31	1.15	50.0	26.6	169.3
IV	天王寺2ヵ町[9)]	1858	132	3.42	0.04	3.8	1.1	150.0
城下町								
	川越喜多町[10)]	1859	60	5.00	0.48	16.7	9.7	211.1
	*岩村田[11)]	1859	405	4.41	0.05	…	1.2	375.0
	*甲府三日町[12)]	1858	142	3.96	0.04	…	0.9	400.0
	高山2ヵ町[13)]	1858	2,109	4.08	0.03	1.0	0.7	392.3
	*彦根伝馬町[14)]	1860	50	4.00	0.16	…	4.0	116.7
	*　河原町[14)]	1861	101	5.72	0.05	…	0.9	25.0
その他								
	*郡山上町[15)]	1867-68	n.a.	n.a.	n.a.	n.a.	6.2	8.5
	平野郷町[16)]	1853	1,691	4.58	0.01	n.a.	0.2	216.7
	西宮4ヵ町[17)]	1871	246	3.99	0.41	16.3	10.2	56.3

表3-1の資料と出所(人別改帳の場合は資料名を省略)：

1)「戸籍下書」，東京大学史料編纂所所蔵文書。なお玉井哲雄『江戸町人地に関する研究』(1977年) 付篇1，および村田静子「明治2年本石町二丁目戸籍下書について」(1966年) も参照。「他所人」奉公人の性別不明。

2)「戸籍台帳」，国立史料館所蔵文書。なお，玉井，前掲書，付篇2によるのと若干数値が異なる。「他所人」奉公人の性別不明。

3) いずれも南和男『幕末江戸社会の研究』(1978年) 第1章。渋谷3ヵ町とは，宮益坂町，道玄坂町，東福寺門前。

4) 速水融「京都町方の宗門改帳」(1980年)。

5) 中野卓『商家同族団の研究』(1964年) 第4章。

6) いずれも慶應義塾大学古文書室所蔵文書。

7) いずれも大阪大学経済学部所蔵文書。

8) いずれも乾宏巳「大坂町人社会の構造」(1980年) 所収の表による。

9) 国立史料館所蔵文書：堀越町，久保町の合計。なお佐々木陽一郎「徳川時代後期都市人口の研究」(1967年)，R. J. Smith, 'Small families, small households and residential instability' (1972) をも参照。

10)『川越市史』史料篇 (1977年)，205-22頁。

11) 荻原弘幸氏提供。

12) 土田良一「近世甲府城下町における都市構造の変容過程」(1978年)。

13) 佐々木陽一郎氏提供；壱之町，弐之町の合計。

14) 矢守一彦「彦根城下の人口構成と人口動態について」(1970年)。

15)『郡山市史』第3巻 (1971年)，8頁の第1表。同表には戸数も与えられているが，118戸と明らかに過小である。世帯を示す「竈」数ではなく，家屋の棟数が記載されているのかもしれない。数値はいずれも2ヵ年平均，人口数は欠落人を引いた「定有」人口。

16) 津田秀夫「後期封建社会に於ける平野郷町の人口変遷」(1951年)。

17) 東之町，釘貫町，石在町，市庭町「戸籍」;『西宮市史』第6巻資料篇3 (1964年)，331-51頁。

定義：欄(3) 総人口÷総世帯数。欄(4) 奉公人総数÷総世帯数。欄(5) 奉公人を1人以上雇用する世帯数÷総世帯数。欄(6) 奉公人総数÷総人口。欄(7) 男子奉公人数÷女子奉公人数。

註 1) ＊は，表3-3との比較が可能であることを示す。

2) "n.a." は原資料に記載がないこと，あるいはそのために算出不能であることを示し，"…" は第二次文献に依拠したため数値が得られないことを意味する。

る。表註をみればわかるように、もとになったデータはいずれも人別改帳、あるいは明治三—四年に作成された戸籍台帳である。したがって観察単位は都市を構成する町（丁）であるため、欄(2)からわかるように、個々の規模が小さすぎる場合がある。また観察件数も必ずしも十分とはいえないが、しかしこれでも全体の傾向は摑めるであろう。また、人別改帳は町方人口のみを対象とし、武士人口を含んでいない。武家奉公人も都市労働市場の重要な構成員であったが、この点は残念ながら表3-1から知りえない。

なお、江戸と大阪にかんしては、都市中心部から外へという順序に配列してある。江戸Ⅰは日本橋一帯、Ⅱは神田から四谷にかけてである。江戸Ⅲは、最初は「御府内」の外であったが十八世紀初頭に町奉行支配地に組み入れられたところであり、いわゆる場末の町にあたる。大阪のⅠ、Ⅱ、Ⅲは「三郷」の区域と対応するが、ここではそれぞれ船場、島之内、堀江新地を表わす。大阪Ⅳは行政的には町ではなく村であったが、実際上は三郷から町として連続していた地域、すなわち「町続地」で、その性格上江戸のⅢに類似していたところである。

さて、まず欄(3)の平均世帯規模からみてゆこう。世帯とは、現在の国勢調査と同様、共食共住の単位なので、非血縁者を含んでいる可能性がある。そのことを念頭においてみると、最大、京都五条橋東二丁目東堀の六・三七人から、最小、天王寺二ヵ町の三・四二人まで非常にバラツキが大きい。六人を超えているところは他にも江戸日本橋本石町二丁目、大阪尼ヶ崎一丁目、大阪道修町三丁目があり、いずれも三都の中心部に位置する町である。これは、子供数や家族構造の差を直接に反映した家族規模の違いによるものではなく、欄(4)をみればわかるように奉公人数の違いによるものなのである。

実際、一世帯当り平均奉公人数（奉公人を雇用していない世帯も含めた総世帯数で除した値）は町ごとのバラツキが激しい。平均世帯規模が六人以上であった町における平均奉公人数は二人を超えており、大阪尼ヶ崎一丁目では三人に達している。すなわち、奉公人を除いた平均家族規模は、だいたいどこの町でも三、四人の間に収まってしまう。最大四・五七人、最小三・一四人である。なお興味深いことに、このようにして得られた家族規模は、大商家が集中し、奉公人が多数存在する大阪の船場地域でむしろ他よりも小さいということが観察される。これは人口再生産能力が上層商人の間でかえって低いことを示唆するが、この点は第五章で詳細に検討する（世帯人員から奉公人数を差引けば、必ずしも狭義の家族になるわけではない。江戸で「厄介」、大阪で「同家」と呼ばれていた同居人が存在するからである。ただ、この同居人人口の規模はいまここで問題とするほどの大きさではない）。

要するに、大きなバラツキを示しているのは奉公人の数なのである。この点は次の欄(5)(6)をみればさらにはっきりする。欄(4)から(6)は各町における奉公人人口のウェイトをみるものであるが、それらを少しく丹念にみればわかるように、表3-1に掲げられた町は、奉公人が相当数存在するところとほとんど存在しないところとに截然と区分される。前者のグループに属するところは、江戸日本橋、京都の町、大阪三郷（すなわち、大阪でもⅣの地域は除く）の町であり、京都の数ヵ町を除く大部分のところでは、少なくとも奉公人を一人雇用している世帯が全体の四〇％を超え、奉公人は総人口の四分の一以上をしめている。大阪船場の尼ヶ崎一丁目や道修町三丁目にいたっては、奉公人を雇用する世帯が八〇％をこえ、総人口の約半数が奉公人であった。このグループにおけるマージナルな事例は京都亀屋町であるが、そこでも日本橋を除く他の江戸の町と比べれば、奉公人雇用世帯比率にしても奉公人人口比率にしても、明瞭な差がある。

後者のグループに属するのはその他の町すべてである。とくにほとんどの江戸の町がこのグループなのは、注意を惹く。そこでは大部分の場合、奉公人を雇用する世帯は一〇％にも達せず、奉公人人口比率は五、六％以下であった。江戸において町続地的な性格をもっていた渋谷では、三ヵ町合わせても奉公人は一人しか存在していなかった。

なお、表中の町のうち川越喜多町と西宮四ヵ町とは、二つのグループの中間的な位置をしめているようにみえる。しかし、川越については――後述するように――トレンドからみて、奉公人が急速に減少しつつあったと考えられるので、また西宮にかんしては次のような理由で、いずれも後者のグループに属すると考えてよいように思われる。西宮の場合、そこにおける奉公人は、欄(7)に示された性比からもわかるとおり、圧倒的に女子である。これは旅籠屋の多さ(とくに釘貫町に集中)という特殊な事情によるものであった。事実、奉公人を雇用している世帯の四三％が旅籠屋で、その雇用している奉公人はすべて女子、奉公人総数の四五％、女子奉公人総数の七〇％をしめていた(西宮四ヵ町内には若干の農家世帯が存在していたが、それらを除くと旅宿業のウェイトはさらに

表３－２　幕末・維新期町方における家持・借屋別奉公人雇用：江戸と大阪

	家持層				借屋層			
	世帯数 (1)	奉公人雇用世帯比率 (2)	雇用世帯当り奉公人 (3)	奉公人性　比 (4)	世帯数 (5)	奉公人雇用世帯比率 (6)	雇用世帯当り奉公人 (7)	奉公人性　比 (8)
江戸	戸	%	人		戸	%	人	
日本橋本石町二丁目	71	53.5	5.58	n.a.	32	15.6	1.60	n.a.
神田松田町	24	12.5	4.67	n.a.	93	4.3	1.50	n.a.
大阪								
尼ヶ崎一丁目	13	100.0	10.38	110.9	72	80.6	2.16	66.7
高麗橋三丁目	14	92.9	5.31	176.0	60	38.3	2.00	35.3
七郎右衛門町一丁目	14	85.7	4.50	134.8	56	30.4	1.82	55.0
道修町三丁目	16	100.0	8.00	190.9	74	79.7	2.24	97.0
平野町二丁目	13	84.6	11.00	98.4	81	65.4	2.06	49.3
菊屋町	18	83.3	6.80	277.8	66	53.0	1.60	107.4
木挽町南之丁	12	91.7	4.45	145.0	63	52.4	1.33	76.0
御池通五丁目	14	100.0	5.79	280.0	162	45.7	1.64	132.7

資料：表３－１をみよ。
定義：欄(3)(7)　奉公人総数÷奉公人を１人以上雇用する世帯数。（その他については，表３－１に同じ。）

高まり、その数値はそれぞれ五〇％、五〇％、七三％となる）。それゆえ、両グループの間は連続的であったというよりは、相互に明確に区別しうる異質なグループを形成していたというほうがよいように思われる。

表３－２は江戸の二ヵ町と大阪三郷の八ヵ町を取りだして、町方住民を家持層と借屋層とにわけ、階層別に奉公人雇用をみたものである。

この表をみて印象的なことは、家持層における奉公人雇用数の多さである（ここでは表３－１と異なり、奉公人を一人も雇用していない世帯は計算から除き、奉公人雇用世帯一戸当りでみている）。どの町でも町の上層をしめる家持世帯は平均して四人以上、多いところでは一〇人以上もの奉公人を抱えていた。これにたいして、町の大多数をしめる借屋層の多くは奉公人を雇用していなかったのであるが、奉公人をおいていたとしてもそれほど多くはなく、平均して一人から二人にすぎなかった。さらにこの表からわかる重要な点は、表3-1において観察された奉公人雇用にかんする差の大部分が奉公人雇用世帯比率の違いによって説明できるということであろう。大阪の場合、一握りしかいない家持層はほとんどすべて奉公人を抱え、八割をしめる借屋層でも大多数が、尼ヶ崎一丁目や道修町ではその八割が奉公人をおいていた。これにたいして江戸では、この比率の水準が低かった。それでも日本橋本石町二丁目では、三分の二以上をしめる家持層の半数以上が奉公人を雇用していたが、神田松田町では約二割をしめる家持層でもわずか三戸しか奉公人を住込ませていなかったのである。すなわち、奉公人を雇用するような世帯の場合には、家持層でも借屋層でもその雇用人数には極端な差はなかったが、その雇い主自体は、特定の地域に、すなわち大阪三郷と京、および江戸日本橋に集中していたといえよう。

最後に、男子の奉公人が多かったか、女子の奉公人が多かったか、という問題を検討しよう。一見したところ、奉公人性比にかんしては表3-1からとくに明瞭な傾向を読みとるのは難しい。奉公人がほとんど存在していなかった町の場合はこの指標に大きな意味をもたせることができないが、奉公人が多数存在していた第一グループの町のなかでも他の指標との間に相関は見出せない。大阪では中心部の町ほど下女が多く、周辺部にゆくにしたがって男子奉公人が多くなるようにみえるが、船場でも上人町や道修町三丁目では男子奉公人のほうが多かったのである（それぞれ、女子一〇人にたいして男子一五人、一三人の割合であった）。しかし表3-2をみれば、奉公人性比――それは残念ながら大阪についてしかわからないが――にかんしてもひとつの規則性が見出せる。すなわち、家持層における奉公人性比は借屋層におけるそれよりも高く、その差は歴然たるものがあったという点である。ほとんどの町において、「大店」によって構成される家持層の奉公人は男子が多かったのである。たとえば平野町二丁目のように、町全体でみて女子一〇人にたいし男子七人、家持層だけでも女子一〇人にたいし男子九―一〇人といった、下女優位のところでも、借屋層の女子一〇人にたいし男子五人という比率と比較すれば、家持町人世帯における男子奉公人の多さは明白であった。事実、この町の家持町人に抱えられていた下女の総数は六一人、借屋町人では七三人と、上層町人のシェアのほうが少なかったのにたいして、男子奉公人総数の場合は逆に、それぞれ六〇人、三六人と、上層町人世帯のシェアが圧倒的に大きかったのである。

以上の観察からわかるように、幕末・維新期における都市の町方奉公人雇用にかんしては明瞭な地域的二極化傾向が読みとれる。そこで次に、約一世紀半前の一七〇〇年前後の時期について表3-1におけるのと同様の観察を試み、上記のような截然たる二極分化傾向がすでに存在していたかどうかをみよう。

3　元禄・享保期との比較

表3-3は、表3-1とまったく同一の方法で、一七〇〇年前後、すなわち元禄・享保の時代における町方奉公人の数と比率を町ごとに示している。前の表と比べればサンプル数は半減、とくに江戸にかんする情報がまったく得られなくなるのが残念であるが、それでも表3-1との間にかなり明瞭なパターンの差があることが看てとれる。表中で＊を付した町については、二つの時点間で比較が可能であるが、その比較を通じても、またパターンの差という点からも、両時点間にかなり重要な変化が生じていたことがわかるのである。

表3-3から明らかな第一の点は、奉公人人口比率にしても、また奉公人雇用世帯比率にしても、表3-1と比べて町ごとのバラツキが小さいということであろう。もちろん奉公人人口比率をとってみると、最高で四七％（岡崎連尺町）、最低が四％（西宮浜石在町）であるから、その差はもちろん小さくはない。しかし表3-3の場合は、表3-1のように截然と二つのグループにわかれるというようなことは観察されず、その差は連続的であり、また比較的多くのサンプルが平均値のまわりに分布している。いま奉公人人口比率について、これらの表から単純に算術平均と変動係数を計算すると、一七〇〇年前後については平均二一・一％、変動係数〇・五七三、一八六〇年代では平均一七・六％、変動〇・九一四となり、明らかに幕末・維新期のほうがバラツキが大きい。また奉公人人口比率〇—四％、五—二四％、二五％以上のところをそれぞれカウントすると、最初の時期については一、九、三と真中に山がくるが、後の時期では一一、七、一一と両端に山が形成されて

表3－3　1700年前後における町方奉公人

	年次 (1)	世帯数 (2)	平均世帯規模 (3)	世帯当り奉公人 (4)	奉公人雇用世帯比率 (5)	奉公人人口比率 (6)	奉公人性比 (7)
京都		戸	人	人	%	%	
*四条立売中之町[1]	1697	43	5.58	2.09	74.4	37.5	145.9
大阪							
三郷[2]	1689	81,292	4.70	0.83	n.a.	17.6	176.3
*道修町三丁目[3]	1684	238	4.28	0.97	33.2	22.8	231.4
*菊屋町[3]	1682	106	3.84	0.78	39.6	20.4	186.2
*御池通五丁目[3]	1700	n.a.	n.a.	n.a.	n.a.	13.7	n.a.
城下町							
*岩村田[4]	1689	228	5.67	1.12	n.a.	19.7	138.3
*甲府三日町[5]	1694	137	5.07	1.76	…	34.7	82.6
岡崎連尺町[6]	1698	121	6.39	2.99	65.3	46.8	104.5
彦根30ヵ町[7]	1695	2,276	3.64	0.37	n.a.	10.1	190.7
* 伝馬町[7]	1695	103	4.29	0.50	…	11.8	147.6
* 河原町[7]	1695	198	4.03	0.54	…	13.4	197.2
岡山市中[8]	1707	n.a.	n.a.	n.a.	n.a.	9.3	154.9
その他							
*郡山上町[9]	1729	100	7.91	1.57	…	19.8	84.7
城端町[10]	1693	671	5.60	1.13	36.8	20.2	24.8
西宮浜石在町[11]	1713	132	4.95	0.20	12.9	4.0	333.3

資料と出所（人別改帳の場合は資料名を省略）：

1）速水，前掲（表3－1註）論文。

2）「摂津鈔」10，元禄2年9月5日；『大阪編年史』第6巻（1969年）所収。

3）いずれも乾，前掲（表3－1註）論文。

4）荻原弘幸氏提供。

5）土田，前掲（表3－1註）論文。

6）『岡崎市史』第3巻（1927年），39-121頁。

7）30ヵ町分は「大洞弁財天祠堂金寄進帳」，伝馬町・河原町分は「切死丹御改五人組帳」；いずれも矢守，前掲（表3－1註）論文。

8）「御城下男女人数有人改帳」；谷口澄夫『岡山藩制史の研究』（1964年），468-70頁。武家奉公人を除く町方人口。

9）『郡山市史』第2巻（1972年），274頁。人口数は欠落人を除く「現有」人口。

10）「組中人々手前品々覚書帳」；『城端町史』（1959年），182-222頁。奉公人数に「手代」を含まない。

11）C. Nakane, 'An interpretation of the size and structure of the household in Japan over three centuries' (1972), Appendix.

定義と註：表3－1に同じ。

図３－１　町別奉公人人口比率の分布：1700年前後と1860年代

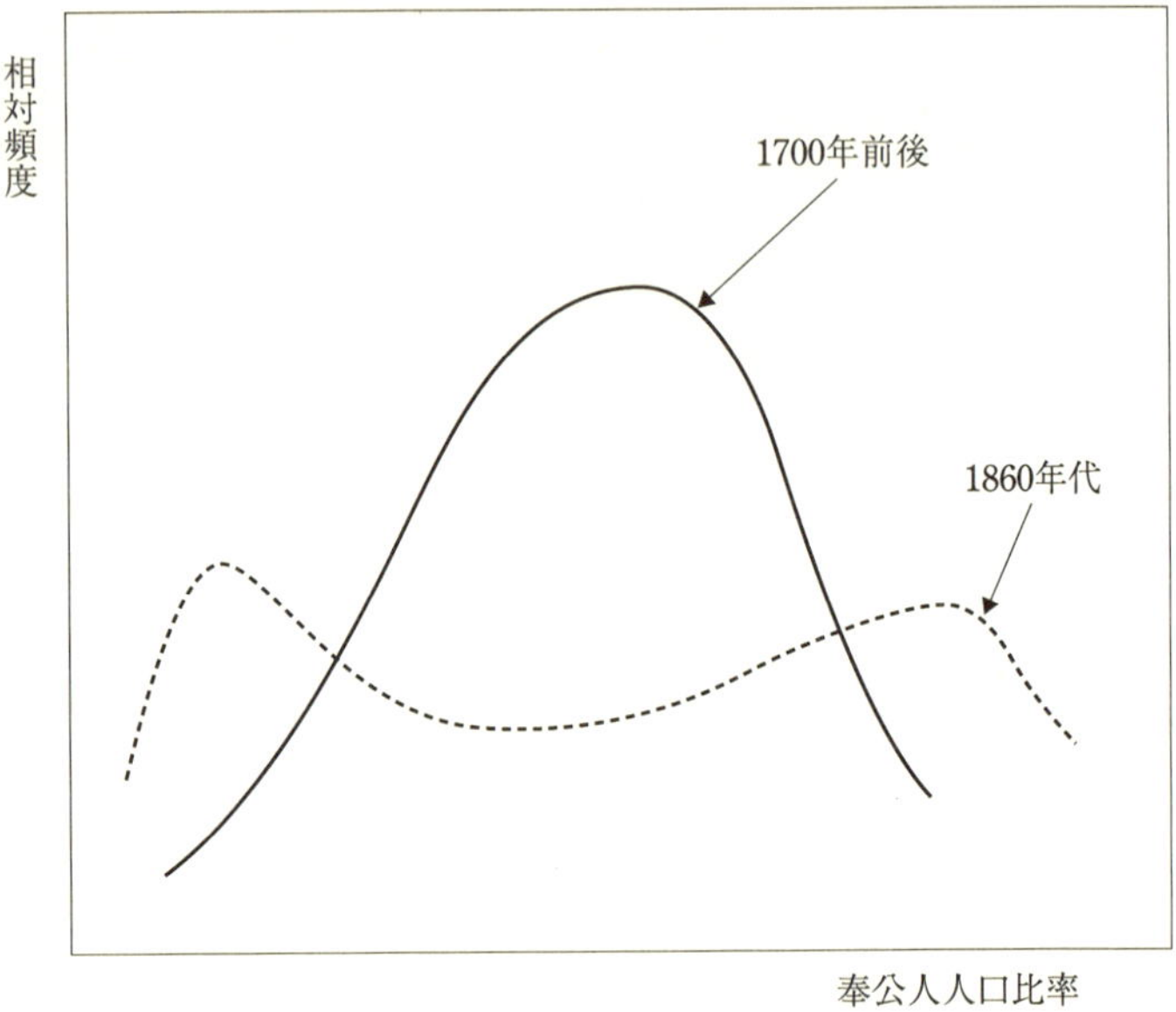

註　本図はあくまでも模式図であって，実際の分布を正確に表わしてはいない。

いる。すなわち、模式的に描けば、図３－１における実線の分布が破線の分布へと変化したのである。それは、典型的な二極分解といってよいであろう。（なお表３－３の場合、大阪三郷と彦根三〇ヵ町は計算から外してあるが、これらを含めれば表３－１との対照はさらに明瞭となる。）

別な表現をすれば、幕末・維新期に奉公人が多数存在した町では十八世紀初頭においても比較的その数が多く、幕末・維新期に奉公人がほとんど存在しなかった町ではやはりその数は少なかった、ということは観察されない。すなわち、前者のグループ、とりわけ大阪三郷の町々においては、この一世紀半の間に奉公人雇用世帯数もその雇用数も増加したのであり、他方では後者のグループ、たとえば甲府や彦根においてはそれらが顕著に減少したということである。もっとも、両時点間で比較可能な町のうち京都四条の立売中之町と西宮の場合、この結論と矛盾する動きをしたかのようにみえる。前者では奉公人の比重は明らかに減少したが、それでも幕末・維新期における奉公人人口比率一九％は、京・大阪・江戸日本橋以外の町のレベルとは格段に違う。それは結局のところ、トップ・グループ内での地位低下という現象だったのであり、他方、西宮のケースは——前述のように——特定の町における旅宿業の発展ということから生じた現象であった。

結論をいえば、十八世紀の初頭まではどこの町においても、かなりの数の住込奉公人とかなりの数の奉公人雇用世帯とがみられたが、その後、まったく相反する方向への変化が生じ、そしてその結果として、表3-1にみられるような地域的二極化傾向が顕在化したということなのである。

4　さまざまな奉公人

以上の観察結果は、しかし、あくまでも人別改帳（あるいはそれに類した人口書上）に記載されていた奉公人にかんするものである。奉公人といってもそれにはいくつかのタイプがあったこと、そしてその一部は「人別外之者」となっていた可能性については考慮されなかった。

「人別外之者」にかんしては次節で触れることとし、以下では主として、一八三〇年代末から五〇年代初めにかけて書きつがれたと推測される『近世風俗志』に拠りながら、必要なかぎりで奉公人の分類学を試みる。ちなみにその著者・喜田川守貞は嘉永六（一八五三）年の日付が入った自序において、自ら「余、大坂に住すこと三十年、江戸に移りて後今に至り十有四年、あら〳〵両地の俗を知る」と述べており、彼の『近世風俗志』は江戸・大坂の比較という点からは恰好の書である。(6)

町方の奉公人は、その仕事の内容によって大きく家事使用人と営業使用人、すなわち商家・工家において業務に携わる「店表《たなおもて》」の奉公人とにわかれる。女子奉公人はすべて家事使用人であったが、男子の場合は同じ奉公人といっても両者の違いはきわめて大きかった。人別改において奉公人は通常「下人」「下女」（江戸では男女とも「召仕」(7)）と書かれることになっていたが、実際の人別改帳をみると、男子の場合、下人とは別に「手代」と書かれていたり、あるいは「下男」と記されたものが書上げられていることがある。手代は店表の奉公人（工家なら徒弟で、「弟子」と記されていた）、下男は家事使用人であるが、このことからも実際の奉公人雇用における多様性をうかがい知ることができる。

人別改帳によるかぎり、この店表使用人と家事使用人の区別をはっきりさせることは難しい。手代や徒弟であっても下人あるいは召仕と記されてしまう場合が、実際には多かったと思われるからである。しかし、たとえば、近世における最大の奉公人雇用者のひとつであった三井越後屋では、一八四〇（天保一一）年末に京・大阪・江戸の九店合計で、一〇二〇名の奉公人のうち手代が五〇〇名、元服前の子供（丁稚）が二九八名、下男一九七名、定雇一三名、その他一二名という構成であったことがわかっている。[8] 三井のような大店の場合、一店平均の奉公人数が一〇〇人をこえるという規模の大きさもさることながら、男子奉公人の大部分（七八％）が商業使用人であり、その商業使用人の半数以上（六三％）が元服年齢をすぎた、しかし独身住込の手代だったわけである。

商家において「店」と「奥」（台所）との間には厳然とした区別があった。たとえば大阪の鴻池家では、「手代の中一人台所賄と云ふ役あり。女子になし能はざる奥向きの用途及び奥と店とに関係ある事務を便ずるものなり。此台所賄の外諸雇人は内外［店と奥］互に通路することを禁ぜり」[9]、すなわち、「台所賄」という役の手代を除けば、奉公人の「店」と「奥」との間の往き来が禁じられていたという。よく商人や職人の家では経営と家計の未分離が特徴といわれるが、鴻池のような大店では事実上、両者の間の空間的分離がみられるようになっていたのである。

実際、商家の内におけるこの空間的分離は雇用条件におけるさまざまな相違の象徴的表現であった。それらの相違は次の三点に要約できる。[10]

(1)　雇用期間と給金支払　商業使用人の場合、「童形以来年給を与へず、夏は麻衣一領、冬は木綿冬服一領を与へ、その他所用の諸物および諸費を与へ、また手代となりて後は、勤功により年給を与ふもあり。家制一に非ず。これを年季奉公と云ふ。年季は大略十年とす。しかれども商家は十年にては自ら一戸を開くことを聴《ゆる》さず、大略二十余年の勤功をもつて主より金銀を与へ一店を創せしむ」。

すなわち、見習としての丁稚時代から暖簾わけまで二〇年以上の長い雇用期間、その間における内部昇進、年給制に代る退店時の一時金制度（あるいは両者の併用）が店表奉公人の雇用を特徴づけていた。商家の伝統的雇用制度が「丁稚制度」あるいは「子飼制度」と称せられる所以はここにある。もっとも、手代のすべてが子飼ではなかった。中途採用者、すなわち「中年者」も少なからず存在した。しかし、彼らの昇進は子飼の昇進とははっきり区別されており、そこにまたこの雇用制度の特徴がある。これにたいし、「炊飯および主人の草履取り、その他買道に与《あずか》らず雑務を専らとする者、年季を用ひず必ず半季奉公人」と『近世風俗志』はいう。すなわち、下男の雇用契約は基本的には半年季、したがって短期の臨時雇用であった。「この奉公人も、数年の功ある者には、往々別家を命ずるもあり」といわれるように、「恙なく勤め上げし」中年者の場合と同じく昇進のコースにのることは不可能ではなかったが、それはあくまでも結果として長期雇用となったということにすぎないのである。これらの点は、明治に入って行われた問屋にかんする調査「大坂商業習慣録」の記述からも確かめることができる(11)。

(2) 雇用範囲　「手代奉公人は或は当地　或は他国の者　下僕多くは他国の者にて当地産人稀とす」。

いいかえれば、手代と下僕は出身地も異なっていた。都市内部から供給される割合は店表の奉公人において高く、奥向の奉公人ではきわめて低かったのである。

(3) 雇用の斡旋　「三都ともに口入より年季奉公を媒《なかだち》あれども稀にて、多くは知音等に頼りて仕

上方商家奉公人の江戸下りの図。「はるともなれバ，江州勢州のくにぐにより，十二，三になるこどもがおふぜい，江戸へほふかう〔奉公〕にくる……」と書かれている。江戸店の奉公人であっても現地採用はせず，すべて上方本店からの派遣であった。（北島正元編『江戸商業と伊勢店』吉川弘文館，578頁より。）

へを需むるなり。半季奉公は専ら口入人の媒をもつて奉公す」。

店表の奉公人は「知音」、すなわち商家同族団のネットワークを通じて雇用されることが多く（したがって都市出身者が多く）、奥向の奉公人はもっぱら労働市場を通じて、具体的には斡旋業者である「口入人《くちいれ》」あるいは「人宿《ひとやど》」を通じて雇入れられた（したがって他国者の比重が高くなった）という点でも異なっていた。

以上は、大店における二つの異なったタイプの奉公人採用にかんする対比であった。しかしそれは、中小の商人の場合にも職人の場合にも、また女子の家事使用人の場合にも、基本的には当てはまることであったように思われる。職人のもとで手工業に従事した奉公人、すなわち徒弟も、商家奉公人と同じく一二、三歳で親方の家に住込み、約一〇年の年季を勤め上げ、二年位の「礼奉公」をしたあと独立する、というのが一般的なコースであった。ただ商家の場合とは異なり、内部昇進とそのゴールとしての暖簾わけという制度は十分な展開をみなかったようである。

他方、十九世紀前半の江戸における、大店以外の町人世帯で働いていた家事手伝の下男・下女が、半季の、あるいはそれよりも短期の雇用であり、その迅速かつ効率的な斡旋を行う口入屋の発達がみられたことにかんしては、同時代人である滝沢馬琴による次のような興味深い証言がある。

一八一〇年代の馬琴家では毎年、男子の「冬奉公人」、すなわち半季の奉公人を雇うことが慣わしであったことが、越後の鈴木牧之宛の文政元（一八一八）年一〇月二八日付書簡にみえる。また同家の下女については、馬琴一家の雰囲気からかその定着性が悪く、一八三一（天保二）年には一年間で七人も替り、馬琴自身は日記に「やとひ下女まさ、今夕も不帰。尤無人、めいわくに及ぶ。不埒かぎりなし」（同年正月一七日）といった憤懣を書き連ねていたというエピソードが知られているが、ここで興味あるのは、その下女がいずれも年季契約ではなく月極雇用であったこと、および上の文章を書いた同じ日に「昼飯後、お百［妻］を以、本郷元町奉公人入口《ママ》源蔵方へ遣し、やとひ下女代り吟味いたし、早々差越候様、申付。并に、政事、昨夜之まゝ不罷帰候間、給金返納之事、取斗候様、申請」させたという記事がみえていることである。この口入屋は同日中にまさの請人へ給金返納の件を連絡、三日後には代わりの下女を「目見」に馬琴宅へ連れてくるという迅速さであった。[12]

5 「人別外之者」

いずれにせよ、以上の如く要約できる対比が、前章でみた概念を援用していえば〝二重構造的〟であることは明白であろう。しかし、その実態の検討、その歴史的形成の過程にかんしては次の第四章に譲り、ここでは人別改帳データの読み方との関連に注目しておきたい。すなわち店表の奉公人にかんしては、その雇用期間の長さからいっても、雇入れ手続の面からみても、出身地から転出手続がなされ、雇用地である町方の人別改帳に載ったことはほぼ間違いないところであるが、それにたいして、農村から出てきた半季あるいは季節雇の奉公人の場合には、その点大いに疑わしいといわなければならない。

事実、十九世紀になると人別改帳に載らない町方人口がいたるところで増加した。たとえば一八三六（天保七）年の甲府では、五歳以上の町方人口九九四六人が人別内の人口として記録されていたが、そのほかに「人別外之者」が——寺社・武家人口を除いても——約四〇〇〇人いたという。また信州上田においては、徳川後期になると「止宿人」、すなわち人別改は出身地で行うため町方では逗留中の扱いをうけ、人別改帳に登録されないものの数が増加し、彼らのための長屋建築が増えたといわれる。(13) 江戸でも、一八四〇（天保一一）年における「番組人宿寄子」、すなわち組合をつくっていた口入屋に身を寄せていた三万五千余人の「大部分は人別外であった」という事実があり、(14) また御府内町方人口調査も、それが毎年四月と九月に実施されたということから、信州諏訪から大森の海苔屋への出稼に代表されるような、一一月頃から出てきて二月二日に暇をとって帰村する冬季出稼人をカウントしない、すなわち「江戸町人の常住人口」しか把握するつもりがなかったとさえいわれている。(15)

このようにみてくれば、「専ら口入人の媒を以て」雇入れられる「半季」の奉公人が人別改帳に記載されていたという可能性は、非常に少ないといわなければならない。それゆえ、人別改帳をデータとして観察された奉公人雇用にかんする分極化傾向は、店表の奉公人について妥当することであって、家事使用人的な奉公人、ないしは半季（あるいはより短期の）奉公人にかんしては当てはまらないことだといわなければならない。後者のタイプの奉公人にかんしてこれまでの表が示唆していることは、十八世紀から十九世紀にかけて雇用契約期間が短縮化し、年季契約が顕著に減少したということであり、その人数という点ではむしろ増加した可能性すら否定できないのである。

6 三田村鳶魚の断定

図3-2は、これまでの観察結果を視覚的に示したものである。ここでは奉公人雇用が拡大したところの代表として大阪島之内の菊屋町、逆に縮小地域の一例として甲府三日町が選ばれている。菊屋町は大阪のなかでも問屋・両替商などの大店が集中していた船場のひとつ外側に位置しており、三郷の平均的な傾向を知るには恰好の例であろう。縮小した事例としては江戸の町を選ぶべきかもしれないが、残念ながら江戸にかんしては、時系列的変化を示してくれる資料が残っていない。甲府が取りあげられているのはそのためである。

両町の間でまったく相反する方向への変化がみられたことが、一目瞭然である。かつまたそのコントラストは、もっぱら家事使用人からなっていた女子においてよりも、商家の手代・丁稚、工家の徒弟が大きなウェイトをしめていた男子奉公人において著しい。

変化のタイミングという点からみたとき、図3-2は画期が十八世紀にあったこと、もうすこし正確にいえば——とくに男子奉公人のグラフによると——十八世紀後半の天明・寛政期にあったということを教えてくれる。大阪菊屋町の場合、十八世紀末から十九世紀にかけては町人口の量的な

図3-2　奉公人人口比率の推移：大阪と甲府，1659-1866年

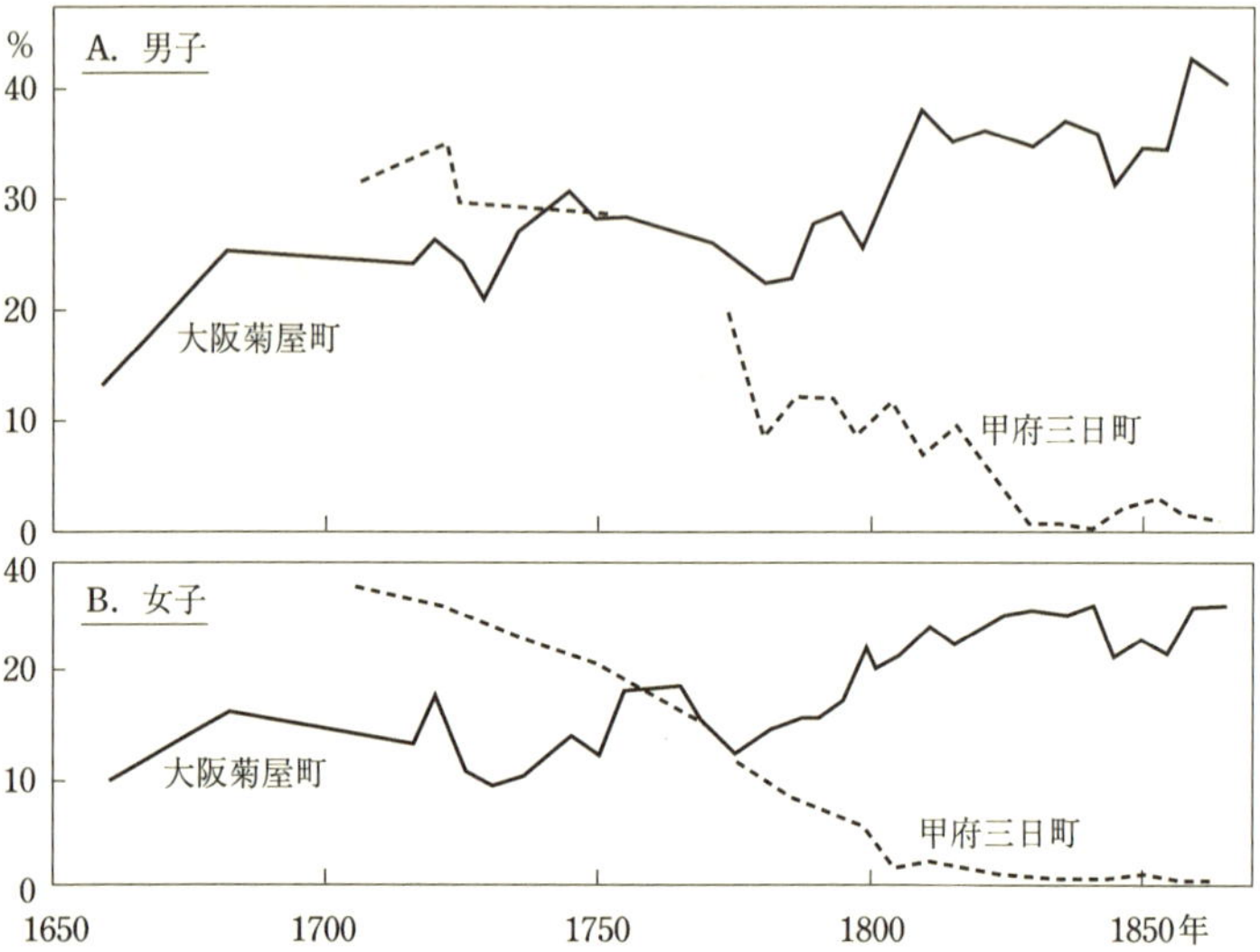

資料：人別改帳；『大坂菊屋町宗旨人別帳』各巻，および土田，前掲論文（表3-1註），73頁。
註　甲府三日町の1705-68年は5歳以上人口にたいする比率。1774年以降は2歳以上人口にたいする比率である。したがって，前者のレベルは後者よりも若干高めにでている。

拡大はみられなかったものの、専門商品を扱う小売商業の成熟がみられ、大阪きっての繁華街のひとつとなっていった時期である[16]。

したがって、町方経済の成熟が奉公人雇用の増大をもたらしたということはいえそうである。表3-4は菊屋町を船場の薬種問屋街・道修町三丁目と比較しているが、十八世紀の初めにすでに商業地域としての成熟が始まっていた道修町[17]では、奉公人雇用の拡大という点でも画期が菊屋町におけるよりも半世紀早かったことがわかる。たとえば家持層では、十八世紀中葉までに奉公人を抱える世帯が八割をこえ、一戸当り平均奉公

表３－４　大阪２ヵ町における家持・借屋別奉公人雇用の推移，1682-1860年

	家持層				借屋層				
	世帯数 (1)	奉公人雇用世帯比率 (2)	奉公人雇用世帯当り 下人 (3)	奉公人雇用世帯当り 下女 (4)	世帯数 (5)	奉公人雇用世帯比率 (6)	奉公人雇用世帯当り 下人 (7)	奉公人雇用世帯当り 下女 (8)	下女１人雇用世帯比率 (9)
道修町三丁目	戸	%	人	人	戸	%	人	人	%
1684年	30	70.0	2.52	1.43	208	27.9	1.88	0.69	17.2
1700	25	72.0	3.39	1.78	213	23.9	1.84	0.59	15.7
1710	30	53.3	4.06	1.81	149	38.3	2.11	0.51	7.0
1729	29	79.3	4.04	1.65	132	35.6	1.79	0.64	14.9
1752	28	85.7	4.67	1.67	108	54.6	1.09	0.38	10.2
1780	16	93.8	5.00	2.33	90	70.0	1.98	0.97	19.0
1800	18	88.9	3.75	1.81	105	63.8	1.22	0.78	29.9
1819	18	94.4	3.94	1.82	99	81.8	1.49	0.91	21.0
1841	22	90.9	3.90	1.70	84	75.0	1.27	1.14	58.7
1860	16	100.0	5.25	2.75	74	79.7	1.10	1.14	47.5
菊屋町									
1682年	23	56.5	1.23	1.08	83	34.9	1.31	0.52	6.9
1713	21	42.9	2.00	1.22	171	32.7	1.18	0.61	25.0
1730	20	75.0	2.00	0.53	154	24.0	1.14	0.49	13.5
1751	21	85.7	1.06	0.56	141	27.0	2.29	0.76	10.5
1766	20	90.0	3.00	1.50	128	25.8	1.09	0.52	24.2
1781	16	87.5	1.93	1.64	128	23.4	1.17	0.53	13.3
1800	15	86.7	2.08	1.46	129	45.7	1.14	0.58	23.7
1819	18	66.7	3.83	2.42	110	49.1	1.41	0.61	18.5
1841	15	80.0	3.25	1.92	99	64.6	1.17	0.64	20.3
1860	18	83.3	5.00	1.80	66	53.0	0.82	0.77	28.6

資料：乾，前掲（表３－１ 註）論文14-15，18-19，26-27，32-33頁より計算。
定義：欄(3)(4)(7)(8)　男子（女子）奉公人数÷奉公人を１人以上雇用する世帯数。
欄(9)　女子奉公人を１人しか雇用しない世帯数÷奉公人を１人以上雇用する世帯数。

人人数は四人の水準に達する一方、借屋層でも奉公人雇用世帯が五割をこえるにいたっている。

このように商業活動と奉公人雇用との間には関連がみられるのであるが、その場合、奉公人雇用の拡大ということの内容は二つの異なった傾向からなっていたことに注意したい。表3-4における両町の動きが示しているように、そのひとつは家持町人に典型的に現われる男子奉公人の増加（欄3）であり、他は借屋町人における女子奉公人雇用の拡大（欄9）である。すでにみてきたように、商業活動と直接関連するのは男子奉公人の雇用であり、雇用拡大への寄与率という点でもこのほうが大きい。ただ、家事使用人である下女雇用の拡大も無視できない動きである。道修町では大部分の、菊屋町でもかなりの割合の借屋人が少なくとも一人の下女をおくようになってきていた。家事使用人の雇用が借屋層にまで拡がっていったということは、そのクラスの生活水準上昇の結果であったと思われ[18]、興味深い事実である。

しかし、逆は必ずしも真ならずである。すなわち、年季奉公人雇用の減少は町方商業の衰退によってもたらされたとは必ずしもいえないように思われる。図3-2の甲府の場合、十八世紀後半から十九世紀前半にかけて都市全体としても人口は減少傾向を示したが、すでに第一章でみたように、行政的には町の外となる町続地は拡大をしており、三日町だけをとってみても借屋世帯は減少したが家持町人層は安定的に推移していた[19]。同じ東山地方の岩村田や東北の郡山では、表3-1と表3-3の比較からもわかるように、町方人口は拡大するなかで奉公人数の減少が生じたのである。この点で唯一いえることは、関東・東北の都市ではその減少開始の時期が遅く、十九世紀に入ってからのところが多かったのではないかということかもしれない。たとえば郡山上町では、宝暦期（一七五〇年代）にかけて奉公人人口比率は上昇し、三〇%のレベルに達する。天明期（一七八〇年代）でもまだ一三%であり、男子奉公人数が急速に減少しはじめるのは一八三〇年代以降のことである。また、川越喜多町にかんしても一七六二（宝暦一二）年の数値がわかるが、それによれば奉公人人口比率二九%、奉公人雇用世帯比率は四二%に達していた。[20] 変化のタイミングという点では、十八世紀後半に起点があったものの、個々の都市をとればかなりの地域差があったとみなければならないであろう。

年季奉公人雇用の減少がみられるグループにかんしてもうひとつ問題となるのは、江戸の動向である。すでに示唆したとおり、江戸の町の大部分はこのグループに属していたと考えられる。ただ、十八世紀前半の江戸においても奉公人雇用は本当に一般的であったのかどうか、疑問は残る。この時期にかんする人別改帳など人口書上資料が残っていない以上、この点に直接答えることはできないけれども、幸い、一七〇〇（元禄一三）年から一七一一（宝永八＝正徳元）年までの江戸「欠落人」サンプルを整理した結果が公にされており、それを手がかりに十八世紀初頭の奉公人について一瞥する。[21]

この資料がカヴァーするのは南伝馬町名主兼伝馬役高野家支配下六ヵ町で、欠落人総人数四四六名である。失跡事例というサンプルの性格上、総数にしめる奉公人の比率は高い。二四六名、五五%である。それゆえ、この数字のみから、十八世紀初頭の江戸でも年季奉公人雇用が一般的であったという結論はだせないかもしれない。しかし、この六ヵ町は、日本橋から京橋にかけての地区にあるとはいえ、大店が少なく、職人の多い、また借屋人の多いところであり、欠落した奉公人の主人は多くが借屋住いであったという。また、欠落奉公人のほとんどが男子であり、契約時の年季がわかる一九五例のうち六六例（三四％）が一〇年季、一年およびそれ未満はわずかに一五例（八％）にすぎなかった。したがって、江戸でも十八世紀初頭においては他の都市と同様、相当数の男子が年季奉公人（丁稚・徒弟）という形態で雇用されていたと考えてもよいように思われる。すなわち、江戸の町の多くは、たしかに大阪三郷とは相異なる方向への変化を経験したといえるわけである。

それでは、江戸における変化の画期はいつの時期に求められるのであろうか。この点についてもエヴィデンスは非常に限られている。けれども、武家奉公人にかんして、譜代制の「出替」化、すなわち終身雇用から半季契約化という趨勢が十八世紀を通じてみられたということが明らかとなっている。[22]さらには天明打毀時の逮捕者サンプルのなかに、年季奉公人として農村から江戸に出てきたものが中途で暇をとり、手間取の職人や店持などになったケースが見出されている。寛政改革時における幕府の関心のひとつが、「近年は奉公人も一体少く、一統差支多ニ相聞候、取留候商売も無之もの并厄介の類、可成たけ奉公ニ出可申候」という文面からもわかるように、奉公人の払底ということであったという点などからみて、他方、『京橋区史』には、一七八七（天明七）年においても南伝馬町一、二、三丁目合わせて五八六名（総人口にたいする比率二四・三％）もの「男女召仕」がいたと記されていることを考えると、やはり十八世紀末に転換の時期があったのではないかと思われる(23)。十八世紀前半における江戸町方人口の性比アンバランスの原因は大量の男子奉公人が流入してきていたからだといわれるが、そのアンバランスも、後に第五章でみるように一七五〇年から一八三〇年の間に急速に解消していっており、十八世紀末にある種の構造変化が起きていたことを示唆している。

アカデミズムの外にいた江戸研究家・三田村鳶魚《えんぎょ》は「下女の話」という随筆のなかで、江戸市中における下女の給金が顕著に上昇したのは文化・文政期だと述べている。その結果は、「天保二年の馬琴の日記を見ますと、……一日六十六文、一箇月一分と四百文、一箇年で三両三分、今まで見た女中の相場を書いたもので、こんな高いのはありません」、という状態であった。彼はまた『江戸ッ子』のなかの「寛政時代の労働者」という一文において、元文以降、とくに寛政から化政期にかけて

「武家も町人も算盤ずく、勝手ずくで、続いて永年に人を使うということがなくなりまして、そこから開放された人間が日々に多くなる……

「彼方へ雇われこなたに雇われして一定の主人を持っていない、江戸中の白壁は皆旦那だ、というやつが多くなった」

図3－3　江戸馬喰町宿屋への「年玉」とその推移，1775–1871年

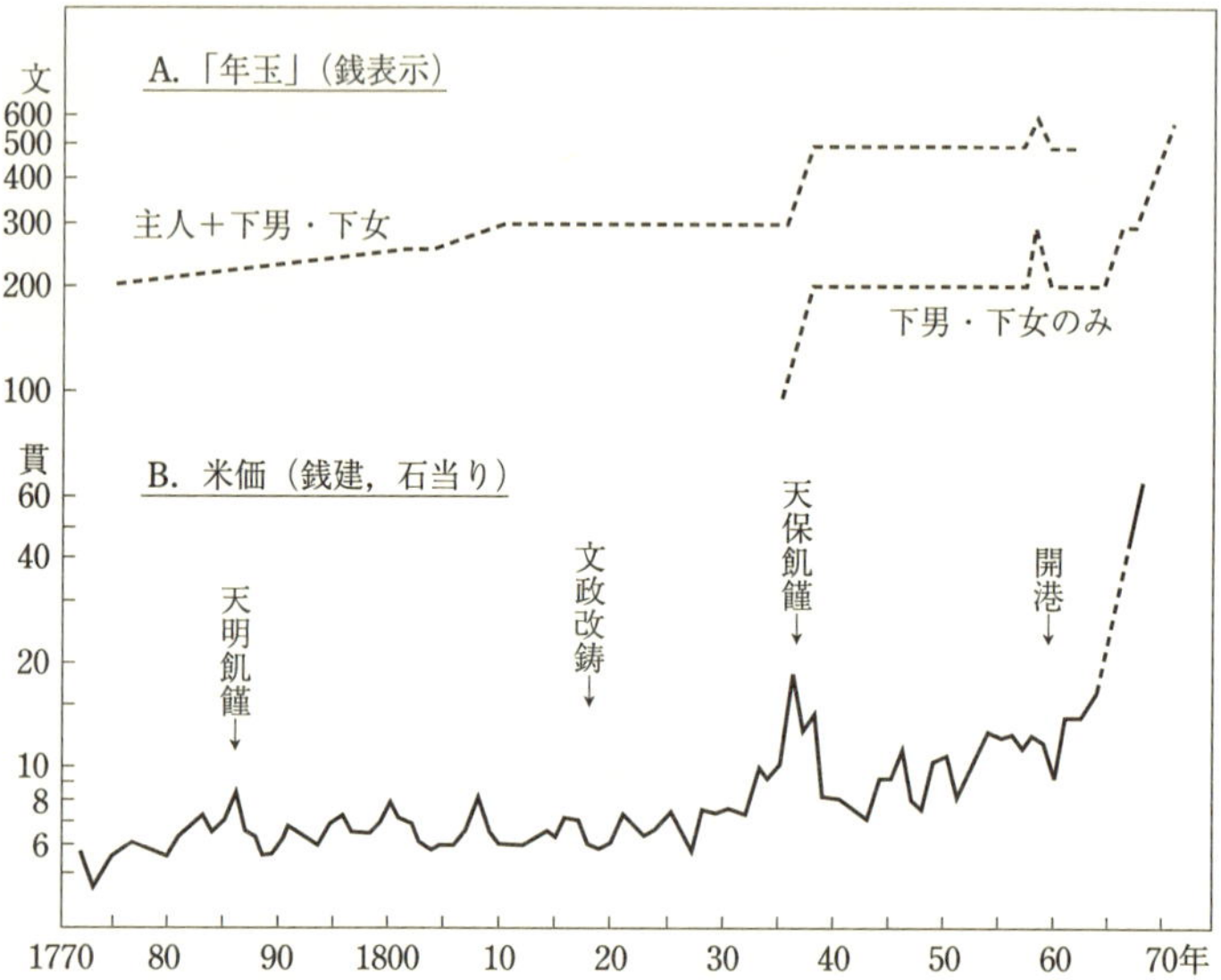

資料：A．斎藤修「江戸市中のサービス業賃金」（1984年）による。
B．岩橋推計の両建米価を銭換算。1829年までは張紙値段の「代表値」，1830年以降は東京商工会調査より「代表値」。岩橋勝『近世日本物価史の研究』（1981年）170-71，183頁による。

と断じており、右の給金動向は、江戸市中の奉公人市場における売手市場化と完全に対応している[24]。

筆者はかつて、江戸近郊の荏原郡下丸子村（現在は大田区下丸子）の「村入用覚帳」という資料から、村役人が代官所のある江戸馬喰町の常宿に渡していた「年玉」がいくらであったか、それはどのように変化したかをみたことがあるが[25]、それをグラフ化し米価の動きと対比させた図3-3からも明らかなように、下男・下女のサービスにたいする対価はたしかに実質的な上

昇をみせた。物価上昇が始まる文政末年以前の、長期にわたる米価安定期に、年玉額は銭二〇〇文から三〇〇文へと増額されているからである。

この年玉とは図中のA系列で、資料中では「宿久兵衛并内家来中年玉」というように、一括して渡されていたものである。ところが、一八三五（天保六）年の帳簿以降は、主人方へと「家来中」と書かれている下男・下女へとは分けて記載されるようになった。これはたんに記帳形式上の変更ではなく、下男・下女の地位変化を反映したものと考えるべきであろう。そのような変化が、サービス対価の上昇に続いて起こったということは興味深いことである。

この下丸子村の資料は、さらにもうひとつの変化を示している。その帳簿には村役人が近隣で行った寄合の費用も記入されているのであるが、一八三三（天保四）年以降には「矢口村万屋」「大森村若松屋」と飲食店の屋号が明記されているのにたいして、一八一一（文化八）年以前の入用帳ではそのような例がなく、場所が書いてあっても「大森村大林寺寄合」というように飲食店ではなかった。この事実は、文化・文政期に江戸の市外にまで専業の飲食店が登場し、近郊農村の村役人たちがそこで寄合をもつことが普及しはじめたことを示唆する。宿屋での心附（「年玉」）にみられた変化とともに、江戸のサービス業全体に生じていた変容を反映したものであったにちがいない。そしてそれは、江戸市中の労働市場変化にかんする鳶魚の直観と完全に整合的といってよい。

寛政から天保初年にかけては、いわゆる大江戸文化が花をひらいた時代、町方人口も回復から増大に向かったと思われ（第五章図5-1Aを参照）、町人社会の興隆期であった。それゆえ江戸にかんしても、都市経済の衰退が奉公人需要を減少させ、雇用の縮小を招いたという解釈は成り立たない。むしろ、年季奉公人雇用が拡大する場合も縮小する場合も、ともに都市経済の繁栄ないしは成熟ということと何らかの関連をもっていたと考えるべきであろう。

註

（1）井上貞蔵『商業使用人問題の研究』（一九三七年）。
（2）法制史的研究の要領のよい要約は、牧英正『雇用の歴史』（一九七九年）、大竹秀男『近世雇傭関係史論』（一九八三年）をみよ。農村史にかんしては、市川孝正ほか『封建社会解体期の雇傭労働』（一九六一年）、秀村選三「近世雇傭労働史の研究史と問題点」（一九六六年）などを参照。
（3）戸板康二等解説『名作歌舞伎全集』第七巻（一九六九年）、二四八頁。
（4）同、第一巻、二七〇頁。
（5）たとえば鬼頭宏『人口から読む日本の歴史』（二〇〇〇年）、一八六頁以下の記述をみよ。陶山鈍翁からの引用は、滝本誠一編『日本経済大典』第七巻（一九二八年）、一七六頁による。また江戸の性比にかんしては、後掲の図5-1Bを参照。
（6）『近世風俗志』は『守貞謾稿』とも呼ばれ、著者の生前には出版されず、明治の末年になって、国学院大学出版部によって『類聚近世風俗志』（室松岩雄編）のタイトルで刊行された。本書における引用は、明治三四年に帝国図書館が購求した版によった岩波文庫版によっている。㈠、一〇頁。
（7）表3-3にみられる一六九五（元禄八）年の彦根三〇ヵ町の場合、五五六名の男子奉公人のうち四七名が手代と記されていた。ただし手代は、各町にまんべんなく存在していたのではなく、特定の町に集中していた

（七ヵ町。うち本町組白壁町のみで一九名であった）。同じ表3-3の城端町においても下人とは別に手代が記載されていたが、表に註記したように『城端町史』はそれを奉公人としてはカウントしていないので、その正確なパーセンテージは不明である。

（8）『三井事業史』本編第一巻（一九八〇年）、三八一頁。

（9）遠藤芳樹編『大坂商業習慣録』（明治一六年）上編第六。『大阪経済史料集成』第二巻（一九七二年）、一八三頁。

（10）岩波文庫版『近世風俗志』㈠、一五五―五七頁。

（11）註9の文献を参照。

（12）文政元年の手紙は、麻生磯次『滝沢馬琴』（一九四三年）、六五頁より引用。日記からの引用は、暉峻康隆ほか編『馬琴日記』第二巻（一九七三年）、二五八、二八七頁。

（13）甲府にかんしては深井甚三「城下町の住民構成と人口」（一九八三年）、三二九頁、上田にかんしては同「近世中期の城下町人口動態について」（一九七七年）による。

（14）南和男『幕末江戸社会の研究』（一九七八年）、一三三頁。

（15）所理喜夫「江戸の出稼人」（一九七三年）、二九六頁。

（16）乾宏巳『なにわ大坂菊屋町』（一九七七年）を参照。とりわけ、三〇―三四頁。

（17）乾宏巳「大坂町人社会の構造」（一九八〇年）、一六―二二頁を参照。その象徴的な現象として、道修町三丁目では表店借というかたちで借屋の大店も現われはじめていた。なお、道修町はもともと職人の町でもあったが、十八世紀の初め以降、急速に薬種問屋仲間が町社会を支配するように変わっていったという。深井甚三「近世都市発達期における大坂船場町人社会の動向」（一九八〇年）による。

（18）乾、前掲書（註16）、二二三頁。同、前掲論文（註17）、二二頁でも同様の指摘がなされている。

（19）土田良一「近世甲府城下町における都市構造の変容過程」（一九七八年）。

（20）郡山のパーセンテージは、『郡山市史』第三巻（一九七一年）、八頁による。また川越にかんしては、『川越市史』史料篇（一九七七年）、六四四―七七頁より計算。

(21) 片倉比佐子「十八世紀初頭欠落事例にみる江戸町住民の構成」(一九八三年)。六ヵ町とは、南伝馬町二丁目、南鞘町、南塗師町、松川町一丁目、同二丁目、通三丁目代地である。
(22) 南和男『江戸の社会構造』(一九六九年)、第三章第一節。
(23) 以上、竹内誠「寛政-化政期江戸における諸階層の動向」(一九七二年)、三八二、三九八—九九頁、および『京橋区史』(一九三七年)、三七五頁による。
(24) 三田村鳶魚「下女の話」(一九三九／七五年)、六五—六六頁、および『江戸ッ子』(一九三三／七五年)、一五一頁を参照。
(25) 以下は、『大田区史』資料編(一九七六年)、一六九—二七五頁に復刻された資料を整理した、斎藤修「江戸市中のサービス業賃金」(一九八四年)による。年玉の支払は銭でなされたが、天保年間と幕末に数回、金で渡されたことがある。いずれも銭相場の混乱期であった。とくに天保期は一般に銭不足の状態にあり、それゆえ天保三、四年、同八年における小額貨幣の新鋳・増鋳は必ずしも出目の取得だけをねらったわけではなく、銭貨供給量の増大をも図ろうとしていた。しかしその施策が貨幣相場の安定化をもたらすという意味で効を奏したとはいえず、この間の銭相場はむしろ逆に不安定であった。とくに天保七年には、十一月に年間最高相場金一両に付き六貫七三五文を記録したため、翌十二月にはこの「銭下直」を是正する目的で五貫七〇〇文から六貫文に限るという触が出され、その月の相場は五貫八五〇文へと大幅に低下した。この時期に金が使われた背景にはこのような銭相場の動揺があったのである。『新稿両替年代記関鍵』巻二(一九三三年)、三〇四—五頁、および吉原健一郎「幕末期江戸町人の存在形態」(一九七二年)、五〇二頁を参照。なお、幕末の混乱期は金から銭への換算を断念した。

第四章

丁稚・手代・棒手振——雇用の経済学

前章では、都市における住込奉公人の存在ということを手がかりに、十八世紀から十九世紀にかけて、地理的にもトレンドの上でも対照的なパターンがみられたことを明らかにした。その現象は男子の営業使用人において顕著であって、一方ではその雇用の拡大、他方ではその人別改帳からの消滅という、相反する動きが起こっていたのである。本章では、その事実を雇用制度と就業構造の変貌という文脈のなかに位置づける。すなわち、そのような相反する方向への変化がなぜ生じたのかを、雇用の経済学の視角から分析することがここでの目的である。なお前章では観察対象の都市をとくに限定しなかったが、以下の章では、奉公人雇用の増加が集中的にみられた大阪三郷と、ごく限られた中心部の町では大阪と同様の現象がみられたものの、大部分の町では年季奉公人が姿を消してしまっていた江戸とに、考察の対象を絞ることとしたい。

1　就業構造への反映

まず最初に、幕末においてみられた奉公人雇用をめぐる地域的二極化傾向が、都市就業構造の上にどのように反映していたのかをみよう。系統だった職業統計が作られるようになったのは明治になってからであるから、その初期のものを利用して比較を試みることにする。

表4-1は、廃藩置県前後の時点で、東京六大区（江戸時代において町奉行の管轄下にあった朱引内に対応する）の就業構造を大阪のそれと比較したものである。かつて大阪における職業統計は、府レベルでの集計値のほかは知られておらず、東京のように市部と郡部とを区別した観察ができなかったが、島之内地区に対応する南大組の、一八七〇（明治三）年のものと思われる書上が町役人の手控に記されていることが発見されて以降、必ずしも満足のゆくものとはいいがたいが、ともかく東京市部と大阪市部の比較が可能となった(1)。

表中の東京六大区計と大阪南大組の数字を比べよう。両都市とも工（職人）の割合は高くない。相違点としてまず目につくことは、東京の場合もっとも多い職業カテゴリーは雑業（四一％）であって、商、工がそれに次ぐのにたいし、大阪で多いのは商（四一％）で、雑業は工とほぼ同じ割合しかしめていなかったという点であろう。大阪の数値は島之内地域のそれであるから、両替商・問屋などの大店が軒を並べていた船場であれば商の比率がさらに高く、逆に堀江新地であれば雑業の比率がもう少し高くでていたかもしれない。東京の場合でも、市域内におけるそのような地域差は認められる。ただ、どの大区をとっても順位は雑・商・工の順であることは変わらない。その点で

表4－1　明治初年の東京と大阪における職業統計

	現在人口	就業人口						雇人			修業人	職業人口合計
			就業人口計にたいする割合						比率			(2)+(8)+(11)
		計[2]	官員ほか[3]	農	工	商	雑	計[4]	現住人口にたいする割合	就業人口1人当り		
	(1)	(2)	(3)	(4)	(5)	(6)	(7)	(8)	(9)	(10)	(11)	(12)
A．東京，1873（明治6）年	人	人	%	%	%	%	%	人	%	人	人	人
第一大区	196,578	58,284	5.9	0	22.0	34.7	37.4	25,979	13.2	0.45	166	84,429
中心部5小区[1]	79,064	23,026	1.5	0	20.5	41.8	36.2	14,405	18.2	0.63	46	37,477
他の11小区	117,514	35,258	8.9	0	23.0	30.1	38.1	11,574	9.8	0.33	120	46,952
第二大区	70,527	19,392	4.2	0.8	19.0	32.4	43.6	2,374	3.4	0.12	550	22,316
第三大区	75,662	19,678	6.1	0.5	17.6	28.9	46.9	2,769	3.7	0.14	304	22,751
第四大会	51,831	10,677	8.0	1.3	23.5	30.5	36.7	1,257	2.4	0.12	0	11,934
第五大区	102,343	25,367	3.4	0.3	22.3	28.2	45.7	6,116	6.0	0.24	386	31,869
第六大区	79,573	19,938	2.4	0.1	24.6	30.5	42.4	5,017	6.3	0.25	7	24,962
（六大区合計）	(576,514)	(153,336)	(5.0)	(0.3)	(21.5)	(31.8)	(41.4)	(43,512)	(7.5)	(0.28)	(1,413)	(198,261)
B．大阪，1870（明治3）年頃												
南大組	n.a.	20,400	0.2	0.1	28.5	41.3	29.8	n.a.	n.a.	n.a.	n.a.	n.a.

資料：A．「明治六年一月一日調朱引内外戸籍職分両総計留」『東京市史稿』市街編第53巻（1963年），192-217頁。
B．「明治四年大阪南組家数役数坪数等調手控」，三井文庫所蔵資料。

註　1）第五，六，七，八，十四小区。日本橋から銀座にかけての地域に相当する。
2）「就業人口計」とは，東京の場合，「職分総計」より「雇人」と「修業人」を差引いたものである。ほぼ世帯主に対応すると考えられるが，戸数総計より若干多くなっている。大阪南大組の数値は，「同家」「隠居」などを除いた，「軒」を単位とする世帯の職分表による（僧呂・祠官を含む）。なお，東京は現住ベースであるが，大阪は本籍ベースと思われる。
3）大阪にかんしては官員などに該当する職分が与えられていないので，「士」「僧呂」「祠官」をここに分類した。
4）職分表にある「雇人」のほか「従者」をも含む。後者は華士族の奉公人であるが，その割合は六大区計で4.5％にすぎない。

は第一大区内で、日本橋を含む小区とそれに隣接するところ、および銀座を含む小区、計五小区においてのみ順序が入れ替っていることが注目される。前章の表3-1においてみたように、この一帯は江戸のなかでも他地区の町とはまったく異なり、大阪三郷なみに奉公人人口の多いところであった。明治統計の職業分類によってみても、奉公人の比率がこの地区で高かったことは表4-1の欄(9)(10)からも確かめられる。日本橋から銀座にかけての奉公人集中地区は、他の地区と比較して商のパーセンテージが四二%と際立って高く、かつまた東京のなかでは雑業の比重が一番低いところであった。

それゆえ、以上の観察から、一方では商家、とりわけ大店の存在と年季奉公、他方では「其日稼」的な就業機会の多さと年季雇用の減少・消滅ということとの間に、対応関係が存在していたということがいえよう。そこで次に、大店の雇用制度と雑業者の就業それぞれについて少し立ちいってみることにする。

ここでの仮説は、商家における雇用労働力の内部化と、他方では雑業者化ないしは臨時雇用化ということが、前章での観察事実を説明するのではないかということである。

2 大店の世界――「丁稚の都」大阪

上方の大店が店表の男子奉公人雇用を増加させていったということと、そこにおいて、早くから

表4－2　鴻池店表奉公人のライフサイクル：入店と昇進の平均年齢

	I．1691-1736年				II．1801-1848年			
	算術平均	標準偏差	最頻値	(N)	算術平均	標準偏差	最頻値	(N)
出仕(入店)	歳	歳	歳		歳	歳	歳	
全ケース	19.9	10.53	11	(80)	14.6	7.36	12	(119)
中途採用を除く[1]	12.3	1.70	11	(47)	11.6	1.30	12	(98)
元服(手代昇進)	—	—	—		18.1	1.49	18	(98)
暇	29.3	9.73	23；24	(32)	26.3	5.47	20；23；25；29；31	(45)
別宅(通い番頭)[2]	—	—	—		37.0	2.57	36	(47)
別家[2]	35.1	4.17	34	(14)	—	—	—	
自分家業[2]	41.6	4.06	42；43	(11)	—	—	—	

資料：Iは安岡重明「享保期における商家奉公人の性格」(1969年)，261-65頁，IIは広山謙介「近世後期における鴻池家の奉公人」(1982年)，382-84頁より計算。

註　1) ここで「中途採用」とは，資料に出仕記載があって元服記載がないもの，すなわち元服年齢をすぎてから雇入れられたものをいう。時期Iにかんしては元服年齢の記載自体がないので，ここでは19歳以上を除いたケースについて計算をした。

2)「別家」はいわゆる「暖簾分け」のことである。本来はそれが「別宅」と「自分家業」の開始と一致していたはずであるが，18世紀初頭にはすでに「別家」と「自分家業」とが乖離しはじめており，19世紀には自分家業を営むという意味での「別家」は事実上認められなくなっていた。

内部労働市場が形成されていたということ、すなわち丁稚奉公から別家（暖簾分け）に至る年功序列と内部昇進とによって特徴づけられる雇用制度が確立したということとの間には、当然密接な関連がある。

表4－2は大阪の両替商・鴻池家の男子奉公人データを整理したもので、店表奉公人のライフサイクルという観点から、大店の雇用制度を具体的にみようとしている。それをみればわかるように、入店、手代昇進、通い番頭への昇進あるいは別家という、彼らのキャリアにとって節目となることが、ほぼ定まった年齢に行われていたといえる。それらの年齢の標準偏差が、暇をとる、すなわち中途退職の場合と比較

してみればわかるように非常に小さいからである。十九世紀前半期でいうと、一二歳で入店、一八歳で手代に昇進、その後首尾よく勤め上げたものは三六、七歳で通い番頭となり、マネジメント入りする、というのがそのコースであった。

幸い、三井の越後屋京本店にかんしても、西坂靖の丹念な仕事によってデータがそろっている。表4-3は、西坂論文にある諸表から類似の計算を行った結果を示す。それによれば、入店の年齢は平均一三歳で、鴻池よりも一歳遅い。標準偏差はさらに小さく、入店者の半分近くがこの年齢で、九割以上が一二歳から一四歳で入店をしていた。人口学でいう生命表の形式をとったパネルBからは、それから元服までのあいだに約四割が脱落したことがわかる。元服年齢、すなわち手代昇進年齢は一七歳と鴻池より一歳若く、最初の役付までのあいだにさらに半数以上が減り、首尾よく昇進したものの平均年齢は二七歳、別宅を許される宿持手代への昇進は四〇歳であった。入店者一〇〇人のうちここまで上りつめるものは四〇人に満たなかったのである。また、元服してからの住込手代の期間を比較すると、三井の場合、三〇代半ばで通い番頭となれた鴻池家より顕著に長かったことが明らかである。(2)

次に徳川時代を通じての変化をみよう。鴻池の場合（表4-2）、二つの時期の比較から、十八世紀を通じて中途採用者（「中年者」）の比重が減り、ますます子飼の比率が高まったこと（八〇人中四七人、五九％から、一一九人中九八人、八二％へ）、しかし一方で、子飼奉公人のなかで暖簾分けというゴールに到達するものは、最初は少なからず存在していたが（四七人中一一人、二三％）、

表4-3　三井京本店店表奉公人のライフサイクル：入店と昇進

A　入店

	I　1720-1799年				II　1800-1859年			
	算術平均	標準偏差	最頻値	N	算術平均	標準偏差	最頻値	N
	歳	歳	歳		歳	歳	歳	
入店年齢（中途採用者を除く）	13.3	0.03	13	939	12.7	0.03	13	677
		%				%		
子飼割合		96.4		976		98.0		691

B　昇進

	I　1760-1799年				II　1800-1839年			
	N	入店者数=1000	昇進率	平均年齢	N	入店者数=1000	昇進率	平均年齢
			%	歳			%	歳
入店	453	1000			433	1000		
元服	271	598	59.8	17.0	248	573	57.3	16.4
上座役	97	214	35.8	27.5	104	240	41.9	27.3
役頭役	74	163	76.3	30.4	75	173	72.1	30.0
組頭役	68	150	91.9	33.2	62	143	82.7	32.9
支配役	44	97	64.7	36.2	43	99	69.4	35.5
宿持手代	15	33	34.1	40.0	16	37	37.2	39.0

資料：西坂靖「越後屋京本店手代の入店・昇進・退職について」(1993年)，15，28，30頁より計算。

註　1）ここで「中途採用者」とは入店年齢が17歳以上の元服済みのものをいう。したがって，「子飼」は17歳未満の入店者である。

2）年齢不祥は計算から除外。

3）パネルBは，同時入店集団（コウホート）のその後を追跡している。資料に登場するすべての入店者を対象とするパネルAより対象期間が短く，観察数（N）が小さくなっているのはそのためである。

それは時とともに難しくなっていたこと、さらに、別宅を許され、マネジメント入りするまでの期間が長期化していたこと（三五・一マイナス一二・三＝二二・八年から、三七・〇マイナス一一・六＝二五・四年へ）も読みとることができる。これにたいし三井京本店の場合（表4-3）、そのように顕著な変化がみられない。中途採用者の比率はもともと数%で非常に低く、子飼奉公人の割合は九六%から九八%へと僅かに上昇しただけである。入店から別宅までの期間も、二六・七年から二六・三年へと変化がない（四〇・〇マイナス一三・三から三九・〇マイナス一二・七へ）。

このような両家にみられる違いを検討して、安岡重明は、「近世の商家の奉公人制度としては鴻池家のほうが理想型に近い」という。「子供で雇用され、数年の訓練をへて手代となり、十余年間業務に従事しつつ、それを習熟し、支配人として若干の年数を主家で勤めて、別家し自分家業を営むという商家奉公人の古典的コースがより広く確保されていた」からである。これにたいし三井では、「合理的経営を行って競争力を維持する」ことを目指して「奉公人の昇進を厳しくチェック」していた、すなわち、「主従関係、家族主義のかげに、資本家と使用人（労働者）の関係に近い雇用関係が貫徹しはじめていた」とみる。三井の事例は、したがって、やや極端であったのかもしれない。(3)

ただ、ここでは両商家に共通した側面も重要である。それは、店表奉公人の内部昇進コースが明確に制度化されていたという事実である。この面からみるとき、表4-2と表4-3で観察された違いは、三井の場合には、それが十八世紀中頃までに完成していたのにたいして、鴻池家では、十八

表4－4　大阪の商家奉公人にかんする慣例

商　家	年　季	暖簾分けまでの奉公年限
薬種商　山本忠	定メス	早キハ10年，遅キハ20年
古手商　泉伊右衛門	凡20年	凡ソ20年
油　商　日野常七	大約11年乃至14年	10年乃至15年
材木商　山田五三郎	一定ノ年限ナシ	大概ネ15年乃至20年位
古手商　扇谷甚作	凡ソ10年	一定シタルモノ之レナシ
肥料商　志方勢七	定メナシ	30歳前后ニ至ル迄
木綿商　岡橋治助	一定ノ年限ナシ	大概年齢30年以上
蠟　商　岡橋万兵衛	25歳ヨリ30歳ヲ年季トス	10年以上
両替商　永田彦作	——	元服後凡ソ20年

資料：大阪府農商務課『商慣例』（明治22年調査），『大阪経済史料集成』第2巻（1972年）所収，468-72頁。

世紀から十九世紀にかけて制度化の進展に伴う雇用期間の長期化がみられたという点であろう。そして、鴻池家のほうが徳川時代の大店の一般的形態に近いとすれば、安岡のいう「古典的」な奉公人制度の確立は、奉公人雇用の増加とともに、その雇用期間の長期化をもたらす傾向を内包していたといえるであろう。いずれにせよ、奉公期間が二〇年をこえるという事例がどの程度に一般的であったかはわからないが、契約の一〇年という年季を勤め上げても、二年ほどのお礼奉公の後、すぐに暖簾分けが認められるというようなところは非常に少なくなってきていたに違いない。それは、明治になってからの、商家奉公人にかんする慣例調査から確かめられることでもある（表4－4を参照）。

上方商人のこの雇用制度は、外延的な拡がりをもっていた。それは、一方では京・大阪のほかに近江・伊勢の商人を考慮に入れなければならないと同時に、他方では各支店、とりわけ江戸店の存在を忘れることができない。事実、一八四〇年に、一千名余であった三井越後屋九店の雇用者数のうち、京・大阪五店と江戸四店の比は四対六で、江戸における雇用のほうが大であった。江戸店の奉公人制度が上方における本店のそれとまったく同じであったことは、よく知られている。いずれの商家でも、江戸における店表の奉公人は現地採用をせず、上方において採用した子飼のなかから選んで江戸へ配属させていた。三井の場合、この方針は享保期（一七二〇年代）に入ってから明確に打ち出されてきたものであることが明らかにされており、それは近江商人・伊勢商人の江戸店においても同様であった(4)。このような江戸店が集中していたのが日本橋・京橋一帯である。

そこでもう一度、日本橋本石町二丁目の戸籍をみてみよう。この町の家持層は七一軒であるが、そのうち地主は五軒。その五軒のうち四軒が上方商人（京二、近江二）でいずれも呉服問屋、うち三軒は主人不在、支配人居住の江戸店であった。これら四軒のみで奉公人は七六名、これにそのうちの一軒が町内にもつ支店の奉公人を加えれば八六名、一戸平均一七・二人、町内全奉公人の三九％にも達した。もちろん、この町には江戸商人の問屋も存在したし、そこにおける奉公人雇用規模もかなり大きかった(5)。しかし江戸の場合、大店の世界における上方の圧倒的な影響は否めない。いいかえれば、上方商人の江戸店を除けば、江戸商人の間では雇用労働力の内部化はまだそれほど進んでいなかったのである。この点は、表4-5からも明らかであろう。大阪と比べればかなりの問屋商人が、年季明けのものに（一、二年の礼奉公の後）暖簾分けを許していた。

それでは、大阪の場合、内部化された労働力は全労働力のどの位の割合をしめていたのであろうか。すでに前章でみたように、大阪三郷における奉公人人口の割合は、四分の一から、多い場合に

表４－５　江戸の商家奉公人にかんする慣例

問屋	年季	暖簾分けまでの奉公年限
廻米問屋	別段定メナシ	家法ニ由テ一定セス
米穀問屋	10年，礼奉公１，２年	10年，２年程礼奉公
肥料問屋	凡10年，或ハ７年	大略15年，豪商ニ於テハ20年以上，或ハ30年
薬種問屋	10年	幼年ヨリ20年，丁年已上畧15年
絵具染料問屋	10年	凡10年後
畳表問屋	10年	20年位
鰹節問屋	10年	10年ノ後，２，３年礼奉公
油問屋	10年	10年位
紙問屋	15年	15年已上
石材問屋	10年	20年以上
茶問屋	10年	定メハ無之
烟草問屋	10年	凡20年
糸問屋	—	30年前後
糠問屋	10年	年期後15年
陶器問屋	10年	15，６年
砂糖問屋	10年	20年
醬油問屋	10年	凡40歳位ノ年齢迄勤続シタル者
酒問屋	凡21年ヲ通例トス	家号ヲ分チシ例ナシ
呉服問屋	７年	20年ヨリ不少トス
石灰蠣灰問屋	10年	20年
廻船問屋	10年	—
回漕問屋	10年	（暖簾ノ如キハ買得者ノ必要ニアラサリシ）
日本橋魚市場	10年	年季後３年礼奉公，宅持５年或ハ７年勤続

資料：『維新前東京諸問屋商事慣例調』（明治22年調査）による。

は三分の一に達していた（表３－１）。しかしそこには、内部化されていない短期契約の奉公人、すなわち下女、および男子の場合でも下僕や下男が相当数含まれていたので、内部化された労働力の正確な割合を知ることはできない。住込の丁稚・手代に別宅の番頭を加えて、町人全人口の二割、男子人口の四割前後だったのではないだろうか。なお、丸山侃堂と今村南史は明治末年に出版した『丁稚制度の研究』を、「大阪を称して水の都と言ひ、若くは煙の都と言ふ、……［けれども］更に人事の方面より観察して、大阪に『長松の都』即ち『丁稚の都』なる名称を与ふるを以て最も要領を得たるものなり」という書き出しで始め、

「方今大阪の人口百二十三万九千と称するに対し　丁稚生活を営めるものは約七八万を下らず。是れだけにても少しとせざるに、其の店主たる商業家の殆ど全部は皆丁稚生活の課程を履みたるものなりとせば、大阪に於ける丁稚階級の勢力範囲は思半に過ぐべし。現に百万長者と称せらるゝものにして丁稚出身なるもの百名以上を数へ、尚丁稚より出でゝ一代に七八十万円以上三四百万円の資産を積めるもの四五十人を下らず。実に偉らきは大阪の丁稚にあらずや」

と続けている。印象論ではあるが、参考になる指摘といえよう。

3　丁稚制度——日本のOJT

それでは、なぜ内部昇進制と奉公期間の延長を伴う雇用制度は形成されたのだろうか。農村においてはもちろんのこと、ほとんどの都市において年季奉公人から季節雇・日雇へという趨勢がみられたなかで、なぜ大店だけがそのような独特の雇用制度を選択したのであろうか。たとえば、十八

世紀前半の三井本家の奉公人請状には、年季を一〇年としながらも、実質的には終身雇用となる可能性がある旨を了承する「添書」――「御店之儀ハ京江戸大坂御多人数之儀故、十ケ年限ニ而ハ御不勝手ニ付、自分相応之元手銀ニ而宿入［宿持手代として重役入りすること］被仰渡候迄、相勤申御作法之由、御尤承知仕候」――がつけられていたという(6)。年季は「十年之事」という観念が、法制上は一六九八年（元禄一一）年に年季制度の撤廃がされていたけれども、人びとの間で「広く法意識として定着していた」時代に(7)、なぜあえて奉公期間の長期化をもたらす制度を確立させていったのであろうか。

筆者は、その理由は、(イ)営業の大規模化と、それに伴う、(ロ)業務構造の多部門化、および(ハ)熟練形成の内部化の必要、とに求められるのではないかと考える(*)。

三井越後屋が今日の基準でみても相当な大企業体であったことはすでにみたが、その大規模化が多店舗化という形態をとっていたことは特徴的である。これは、三井にとどまらず、この時代の大店ほとんどについてみられることであった。すなわち、遠隔地に支店を展開するというかたちで企業の拡大が図られることが多かったのである。

表4-6は十八世紀初めの三井家・京本店の業務構造を示しているが、それは、その段階ですでにかなり大規模な多店舗経営であったこと、そしてそのことが一店の業務構造を相当程度に複雑化させていたことを物語っている。一二、三歳で入店した奉公人は三〇歳台半ばでマネジメント入りするまで、これらの多様な部門間を順次経験することによって、一人前の商人となるために必要な

表4－6　三井京本店の業務構造と新入店員の配属（享保年間）

部　門	配属人員（人）	
仕入部門		7
唐物方	(1)	
絹加賀方	(3)	
西陣方并売倍商人代物請前	(3)	
加工部門		13
染物方并縫方	(5)	
裁物方	(8)	
特定の店・顧客担当部門		18
小松方（江戸一町目店）	(2)	
木綿方（江戸向店）	(2)	
誂方（諸大名様）	(5)	
大坂方（大坂店）	(4)	
通帳方（江戸本店）	(5)	
管理部門		2
帳合場金銭払方	(0)	
下シ場（後の荷物方）	(1)	
小遣方	(1)	
合計		40

資料：『三井事業史』資料篇1（1973年），185-89頁，および本篇第1巻（1980年），149-50，250頁より作成。
註　部門構成は1733（享保18）年の資料によっているが，配属人員は享保初年のデータである。

知識と技能、あるいは判断力を身につけていったのである。表4－6によれば、新入店員のうち管理部門に配属されたものは少数であるが、そこへは多少の経験を積んだものが回されたのであろうか。

また、北島正元らによる伊勢店の研究は、両替商や問屋の営業活動においていかに幅広い熟練が必要とされたかについて、次のようにいう。

「両替商であれば、金銀手形の取付、取付先から預入れる現金や手形の取扱い、現金の出納、金相場会所への月勤、現金と帳簿との引合わせなどがおもな業務であるから、奉公人はこれらの業務に習熟しなければならない……

「［問屋の場合は］何よりも商品の仕入れや売捌きに習熟することが要請された。木綿問屋であれば、その外、紺屋・晒屋も出入りするので、その方の知識も必要である。さらに繰綿の延取引に手を出す場合は、その相場の変動につねに敏感でなければならない。しかもこれらの業務の習熟は、つねに体験と実物教育によって修得したのである。[8]」

このようなタイプの熟練をもった人材を労働市場において見つけることは、容易なことではない。徳川時代の状況を前提とすれば、内部で養成する以外に方法はなかったといってよいであろう。すなわち、商家奉公人制度のポイントは、実地訓練（ＯＪＴ）と幅広い経験の積重ねとによる熟練形成という点に、明治末の一大阪商人の談にもあるように、「事業全般に亙る商業的教育を習得し得らるゝ」ところの制度という点にあったといえる。[9] そしてその実地訓練が、ゴールが暖簾の分与であったことから考えても想像できるように、商家ごとに個別性の強い内容をもっていたのも当然であったといえよう。

もともと商家の丁稚制度も工家の徒弟制度も、実地訓練に基礎をおく制度であった。しかし、多店舗化による営業の大規模化は十七世紀末から十八世紀の商家においてまず生じたのであり、職人の作業場においてではなかった。それがなぜそうであったのかについては別考を要するが、事実としてはこの点に疑念の余地はない。(10) そして、一般教育の制度化が十分ではなかった当時において、営業の大規模化が熟練商家労働力の需要を増大させるなかで、その確保、とりわけ内部養成が経営者にとっての課題となっていったことは想像にかたくない。

もちろん、店の規模がある水準を超えると、手代が文字通りに「事業全般」に通暁するということは不可能となり、「適材を適処に置く」という原則との兼ね合いが問題となってくるであろう。そして、すべての持場を経験しながら昇進してゆくということは、かえって大店の雇用制度を模倣しはじめた中規模の（必ずしも多店舗を擁していない）商家においてみられるという現象も生じてきた。(11) そして、その中規模の商家による模倣ということは、これまでに何度かみてきた専門小売商店の町・大阪菊屋町の例からも明らかである。そこでは十八世紀後半以降、(12) 襲名相続の一般化、未成年者相続の増加にみられるような、〃イエ〃意識、暖簾重視の傾向が強まり、それに対応するように奉公期間の長期化が観察されるのである。

表4-7がその菊屋町における雇用規模別の奉公期間を、十八世紀の第4四半期と十九世紀の第2四半期とについてみている。都市の世帯は移動が非常に激しいので、ここでは少なくとも二〇年以上続いてこの町に居住しているものの世帯を選びだし、そこに登場する奉公人の奉公期間を調べあげた。結果として、下層の町人世帯はほとんど含まれておらず、この町に根を下した中から上層の商家が対象となっている。また、ここでは人別改帳に登場してから暇をとるまでの期間をとっているので、契約奉公期間よりもはるかに長くでている点、注意を要するが、それでも奉公期間の長

表４－７　奉公人雇用規模別奉公期間：大阪菊屋町，1776-1800年と1826-1850年

	Ⅰ．1776-1800年				Ⅱ．1826-1850年				時期ⅠからⅡへの変化			
	雇用規模			計	雇用規模			計	雇用規模			計
	1-2人	3-5人	6人以上		1-2人	3-5人	6人以上		1-2人	3-5人	6人以上	
男子	%	%	%	%	%	%	%	%	人	人	人	人
1年未満	18.3	24.6	22.6	22.4	4.8	2.3	3.6	3.5	△10	△29	△ 7	△46
1－2年	22.5	24.6	22.6	23.6	8.1	27.9	27.4	24.1	△11	△ 7	40	22
2－5年	23.9	30.2	24.2	27.0	29.0	25.6	36.5	32.5	1	△16	57	42
5－10年	22.5	16.7	14.5	17.8	19.4	30.2	20.8	22.9	△ 4	5	32	33
10-15年	8.5	4.0	12.9	7.3	17.7	11.6	7.6	10.4	5	5	7	17
15年以上	4.2	0	3.2	1.9	21.0	2.3	4.1	6.7	10	2	6	18
（計）	（71人）	（126人）	（62人）	（259人）	（62人）	（86人）	（197人）	（345人）	△ 9	△40	135	86
女子												
1年未満	18.7	18.4	17.1	18.2	2.4	-	2.1	1.8	△ 9	△ 9	△ 5	△23
1－2年	35.8	28.6	31.4	32.1	16.7	20.8	25.0	21.1	△12	△ 9	1	△20
2－5年	26.4	16.3	31.4	24.1	23.8	20.8	22.9	22.8	△ 4	△ 3	0	△ 7
5－10年	15.1	20.4	8.6	15.3	23.8	25.0	27.1	25.4	2	△ 4	10	8
10年以上	3.8	16.3	11.4	10.2	33.3	33.3	22.9	28.9	12	0	7	19
（計）	（53人）	（49人）	（35人）	（137人）	（42人）	（24人）	（48人）	（114人）	△11	△25	13	△23

資料：『大坂菊屋町宗旨人別帳』，各巻。

註　1）20年以上継続して人別帳に記載されている世帯の奉公人のみを対象とする。

　　2）△はマイナス。

期化は男女ともに観察される。しかし、雇用規模の増加とそこにおける雇用量の拡大ということは、男子奉公人の場合に顕著である。奉公期間一五年以上という男子奉公人のなかには、短期契約で入ってきたにもかかわらず契約更新を繰りかえし、結果として長期に及んだものも含まれているであろうが、大店の手代と同様のコースをたどって長期雇用となったものも少なからず含まれていたはずであり、またその数も増えていたものと思われる。（なお、男女とも一年未満のものが減少しているが、これは半季あるいは季節雇用の奉公人が人別改帳に載らないタイプの奉公人によって代替されていたことをうかがわせる。）

時代は下って明治末年、「経済組織の拡大せる国民経済時代」、「より少き年月と犠牲を以て文明的商人を養成する商業学校の儼存するに当りて、丁稚教育なるものは商人たる必須条件なりや」との疑念が抱かれるようになった時代に、大阪の一問屋商人・伊藤忠兵衛は、伝統的奉公人制度のうち残すべき点、また学校出身者の採用および通勤・給料制の導入ということと両立しうる点として、幅広い経験を積ませながら昇進させてゆくという人材養成法をあげていた。もちろんそれは、「家族的の情味」といったような言葉で語られてはいた。しかし、彼が語っていたことの内容は、近世の商家において形成された雇用制度の本質がどこにあったかを端的に示しているといえよう。(13)

＊　このセクションの議論は、現代企業の内部昇進制にかんする小池和男の議論に示唆をうけて書かれている。彼は、内部昇進制はたんにひとつの仕事に習熟してゆけばよい場合よりも、「どんな仕事をどれほど多くこな

していくかで、熟練の内容がきまる」タイプの職種にむいているという。すなわち、「関連する一群の仕事をこなし『昇進』していく方式」、それが内部昇進制である。これはもともと、終身雇用と年功制に支えられたわが国の労使関係を「特殊日本的」――それを遅れた経済の体質に求めるにせよ、家族主義といった文化的特性に求めるにせよ――と考える支配的見解への批判であった。ただ、この支配的見解も小池の議論も、問題としているのは主として生産労働者である。それにたいして本書では、小池の考え方あるいは内部労働市場論は――すでに第二章第2節でも示唆しておいたように――ホワイトカラーである商家奉公人にも当てはまる、考えようによっては、よりいっそう適合的であると考えているわけである。この点、雇用職業総合研究所が最近行ったアンケート調査は示唆的である。すなわち、職場内で「定期的に持ち場を変える」割合も、また職場内移動の理由として「いろいろな持ち場を経験させ幅広い技能を身につけさせるため」と答えた割合も、ともに事務、営業・販売部門におけるほうが現業部門よりも高いのである。内部昇進制がホワイトカラーにより適合的とすれば、徳川時代の商家奉公人においてまず最初にその確立がみられたとしても、決して理由のないことはいえないであろう。[14]

4 「江戸中の白壁は皆旦那」――裏店の世界

『近世風俗志』は先に言及したのとは別な箇所で、「江戸の盛なる者」として「すべての小売店食店　武家調用の商人および雇夫の長　酒問屋」をあげている。[15] すでに本章の第1節でみたように、江戸の就業構造上の特徴は商業の比重が大きくなく、雑業の割合が多いという点にあったが、この同時代人の指摘はより具体的に、上方商人の江戸店と、「武家調用の商人」、「酒問屋」とを除けば、大店、とりわけ問屋商人が少なく、その代わりに小売業、サービス業、建設業（「雇夫の長」というのは土木・建築労働者の手配師のことである）が高い比率をしめていたことを示唆している。

前の二節でみた問屋などの大商人と比較した場合、これら三業種に特徴的なことは次の三点にあると考えられる。第一は、業務に必要な熟練のレベルが低いという点である。少なくとも一〇年以上に及ぶ実地教育というようなことはまったく不要であった。第二に、これらの業種では臨時雇用的色彩の強い労働力に依存する度合いが高かったのではないか。これは現代の状態からの推測であるが、江戸において年季奉公人はほとんど存在しなかったという事実と矛盾しない。第三は、これらの業種が雑業者の世界と繫がっていたという点である。小売業者のかなりの部分が「……売」と呼ばれる、「見世商《みせあきない》」を行わないものであったことは事実であり、他方、サービス業者・建設業者のほとんどは「其日稼之者」よりなっていたといっても過言ではない。

それでは、この「雑業」の内容は何だったのであろうか。この点で、表4-1が依拠した大阪南大組の資料は興味深いヒントを与えてくれる。その手控には、表に示した数値とは別に「南大組業数集」と題された職業一覧が書き留められている。両者の間で数字は合わないのであるが、しかし、「業数集」のほうは雑業に対応する職業の記載が詳細なのである。それによれば、雑業者四八五八人のうちもっとも多いのが「稼人」で五三％、次いで「日雇人」、両者合わせて八〇％に達する。さらに「泊り茶屋」が一一％、「医師・指南人」五％、その他となっている。[16] この「稼人」というのは内容上、江戸の町触などで裏店住いの下層民を具体的に指す言葉として、「日雇稼」とともに

表4-8　幕末・維新期の江戸における借屋率と雑業者比率

	借屋率[1]	雑業者比率[2]
	%	%
日本橋本石町二丁目	31.1	6.8
神田松田町	79.5	26.7
四谷伝馬町新一丁目	55.7	18.8
麹町十二丁目	46.2	28.0
渋谷3ヵ町	74.2	43.2

資料：表3-1に同じ。
註　1）家守は含まない。
2）……売，棒手振，車力，按摩，日雇，賃仕事などの生業に従事する世帯主の割合。

しばしば使われた「小商」「棒手振《ぼてふり》」「車力」などに相当すると考えてよいであろう。ここでは、小商や棒手振という、「見世商」ではないが、機能的分類からいえば商業に属する職業が雑業に含まれることになるけれども、それが当時の慣例であったことは、明治初年のある職業分類マニュアルが「商」を「店坐しながら売買するもの」と、狭く「見世商」に限定して定義していることからも明らかである。[17] いいかえれば、雑業者とは「其日稼之者」ということであった。

この定義によって、前章表3-1に示された江戸五ヵ町の人別改帳に記載された世帯の職業を整理し、雑業者比率を（借屋率とともに）算出したのが、表4-8である。それは、表4-1よりも明瞭に、居住条件および就業構造における日本橋一帯と他地区との間のコントラストを示している。

奉公人であっても、その労働に幅広い熟練が要求されず、したがって人材を内部的に養成する必要がない場合、合理的な経営者――三田村鳶魚の言葉を借りれば「算盤ずく、勝手ずく」の経営者は、雇用量調整の自由度を確保したいと考えるであろう。「其日暮之者」のプールのなかから必要に応じて雇えばよいと考えるであろう。それゆえ、上にみたような就業構造をもつにいたった江戸において、年季奉公人の出替化、月雇・日雇化、すなわち臨時雇用化が進んだということはまことにありうることであった。

もちろん、被雇用者にとっても、年季奉公からの解放は望ましいことであった。ふたたび三田村鳶魚の言葉を借りれば、寛政以降の年季奉公の減少というのは「彼方へ雇われこなたに雇われして一定の主人を持っていない、江戸中の白壁は皆旦那だ、というような」意識の生成と密接に関連していたものと思われる。住込という不自由な生活からの解放、ひと並の年齢で家族形成ができるということは、たしかに長期雇用契約を減少させたひとつの心理的原動力であったかもしれない。

当時の典型的な雑業者である棒手振の生活を活き活きと描いたものとしては、一八四五(弘化二)年に出版された『柳庵雑筆』のなかの一文がよく知られている。少し長いが全文を引用しよう。

「菜籠を担て晨朝に銭六七百を携へ、蔓菁《かぶら》、大根、蓮根、芋を買、我力の有かぎり肩の痛むも屑とせず。脚に信せて巷を声ふり立、蔓菁めせ。大根はいかに。蓮も候。芋や〱と呼はりて、日の足もはや西に傾くころ、家に還るを見れば、菜籠に一掬ばかりの残れるは、明朝の晨炊の儲なるべし。家には妻いぎたなく、昼寝の夢まだ覚やらず。懐にも脊にも、幼稚き子等二人許も横竪に並臥たり。夫は我家に入て菜籠かたよせ、竈に薪さしくべ、財布の紐とき、翌日の本資《もとで》を算除、また房賃をば竹筒へ納などする頃、妻、眼を覚し、精米の代はと云ふ。すはと云ひて、二百文を擲出し与ふれば、味噌もなし、醤もなしと云ふ。又五十文を与ふ。妻は麻筒を抱て立出るは、精米を買に行なるべし。子供這起て、爺々《とと》、菓子の代給へと云ふ、十二三文を与ふれば、是も外の方へ走出つ。然猶残る銭百文余、または二百文もあらん。酒の代にや為けん。積て風雨の日の心充にや貯ふるらん。是其日稼の軽き商人の産なり。」

たしかに「其日稼」のギリギリの生活であるが、家族をもち、妻子三人――妻は「昼寝」を楽しむばかりで働いている様子はない――をとにかく養っている。食事も一応「精米」を食べることができ、子供には「菓子」も買い与えている。この一文が出る八年前、天保飢饉の影響で江戸でも米価が高騰したときに、滝沢馬琴は殿村篠斎宛の手紙のなかで次のように書いていた。

「……市中は白米［銭］百文に弐合五勺に候　天明荒飢の時は三合が涯り也　それも五月より七八月迄にて九十月より六七合に成候　此度は秋よりとしを越して久しき飢故諸人の困窮理りに候しかれども　御膝元大都会の有がたさはその日ぐらしのぼてふりたりとも平生渡世に由断なく出精いたし候者は弐合五勺の米を啖ひて飢たる気色もなく本銭をも不失候……」

まさに「その日ぐらしのぼてふりたりとも」なんとか一家の生計をたてることができるということが、農村から（たとえば）奉公に出てきたものにとって「御膝元大都会の有がたさ」と感じられたに違いない。[18] それゆえにこそ、十八世紀後半から一八三〇年代にかけて江戸のサービス経済が拡大する過程で、年季奉公人が短期雇用の下男・下女に代替されていっただけではなく、小商、棒手振、鳶人足など雑業層が拡大したのだということができる。

5　不定形で流動的な労働市場

大阪三郷においても、江戸と比べればその規模が小さかったことは否めないが、このような裏店住いの雑業者の世界はあった。大店の短期雇用の下男・下女のなかには、雑業者世帯を形成してこの世界の住人となったものもあったであろうし、他方、そのような下男・下女が（農村から直接に雇入れられる場合のほかに）この世界のなかから供給されたということもあったはずである。菊屋町にはそれまでと様式の異なった明治元年と二年の人別改帳が残されており、そこから家持町人の世帯に住込んでいる奉公人の出身地がわかるが、[19] 一八六八（明治元）年に記載されている下女一二名のうち四名、翌年の改帳にみえる二一名のうち九名が大阪三郷内の出身であることは、この点を示唆していて興味深い。大店の世界における二重的な雇用のあり方は、都市の労働市場そのものが二重構造をなしていたことの反映であった。

いうまでもなく、都市の住民としては〝商〟と〝雑〟のあいだに〝工〟（職人）も考えなければならない。表4-1が示していたように、江戸と大阪におけるその割合は思ったよりは小さかったのであるが、それでも無視できる人数ではなかった。彼らの労働市場は商家奉公人のそれに近かったのであろうか、それとも雑業者のそれに近似したものだったのであろうか。

職人の世界についてはわからないことが多い。幕末の資料によると、見世持の石工や鋳物師も多くが借家住いであったので、手間取の職人は間違いなく裏店の住人である。ただ、彼らの労働と労働市場のあり方については資料も少なく、したがって研究も多くないのであるが、最近の成果をみるかぎり、徒弟をかかえた親方のワークショップとそこにおける徒弟奉公の形態をとった技術習得、そしてそれを抱合するギルド組織（「仲間」）の存在という、古典的イメージは早くから崩れていたといわれる。徳川時代の中期になると、自分の店をもたず、出来高で働いたり、他所からの入込出稼として多忙な職場を転々とする職人（「手間取」や「出居衆」）と、「見世持」で、それら臨時雇の職人を調達して請負仕事をこなしてゆく親方職人とに分解し始めたというのである（この傾向は都市だけではなく、地方の遍歴職人の世界にも当てはまるらしい）。仲間組合はもともと市場に規制力をもつ存在として出発したはずであったが、手間取や出居衆が増加したということは、その労働市場規制力が弱くなったこと、さらには技能水準の維持機能が弱まったということを意味しよう。もっとも、不熟練の職人である大阪の家作手伝のように、仲間形成に成功し、その組織を維持しえた事例もあるので、徳川時代における職人ギルドの衰退を一本道の趨勢と考えるのは危険かもしれない。しかし、大阪の家作手伝職の場合でも、鑑札をもたない労働者の増加は観察されるし、それになによりも、これら職人仲間という組織は親方職人の団体という性格をもつものであり、商家の奉公人制度とは異なって、労働市場の内部化という契機をまったく有してはいなかった。それゆえ、大部分の都市職人の労働市場は、基本的に、雑業者の不定形で流動的な労働市場に連続するものであったと考えてよいように思われる。[20]

このような底辺部分の、不定形で流動的な労働市場の機能を円滑に発揮させる制度が手配師であり、また口入屋であった。すでに馬琴家の例でみたように、十九世紀前半の江戸では短期奉公人の口入屋渡世が発達していた。口入屋は人宿とも呼ばれ、江戸の場合、幕府の指導によって仲間組合が結成されており、その組合員数は幕末に四〇〇余であったという。大阪でも明和年間に仲間組合結成の出願がなされたことがあったが、それによれば口入人は五〇名であった。両市の人口規模の違いを考慮にいれても、その差は歴然としている。明らかに口入業者数は江戸において多かったのであり、それは雑業層の規模の違いと対応していた。もっとも江戸の人宿組合は、もともと武家奉公人の斡旋を目的としていた。ただ、明治になって江戸在住の武家人口が激減した際、人宿数が半分となったといわれていることからみて、組合員のうち約二〇〇軒は武家屋敷に依存しなくとも営業を続けることができた口入屋であったと思われる。それゆえ、公的性格の強い仲間組合傘下の口入屋数だけを比較しても、江戸におけるその多さは否定できない。仲間に加わらない、したがって資料には残らないような業者まで含めて考えれば、江戸と大阪の差はもっと大きかったかもしれない。江戸の雑業者層はそれほど厚かったのである。

なお、明和期の大阪における仲間組合結成願には、半季奉公人の需要を一町あたり三二人、三郷全体で二万一四四〇人と見積っている。口入屋一軒あたり四二〇人強の奉公人（それも半季の奉公人のみ）を捌けると考えたわけであるから、この斡旋業の営業効率はかなりのものであったと思われる。[21]

6　二重構造の模型図

以上の観察のまとめとして、幕末における都市労働市場の模型図を描いてみよう。それが図4-1である。

二重構造の上部をなす大店における店表奉公人のリクルートは、雑業層のように流動的ではなく、したがって口入業の存在も不要であり、むしろ自己完結的であった。これは『近世風俗志』によってすでにみたところであるが、さらに一、二の具体例を付け加えよう。鴻池屋善右衛門家が十九世紀前半期に雇入れた一二〇名のうち五二名は分家・別家の子弟であり、残りの六八名のうちでも京・伏見・大阪の商家から雇入れたケースが大部分（四四名）であった。菊屋町にあった二軒の大店でも、明治初年における三郷以外の他所出身男子奉公人一七名の親の職業をみると、三分の二（一一名）が「商」となっており、大店奉公人の再生産が、ほとんど分家・別家のネットワークで緊密に結び合わされた商家の世界内部でなされたことを物語っている。[22] この自己完結性がさらに極端な形態をとっていたのが、上方商人の江戸店であった。たとえば伊勢商人・長谷川家の場合、一

図4－1　幕末都市労働市場の二重構造

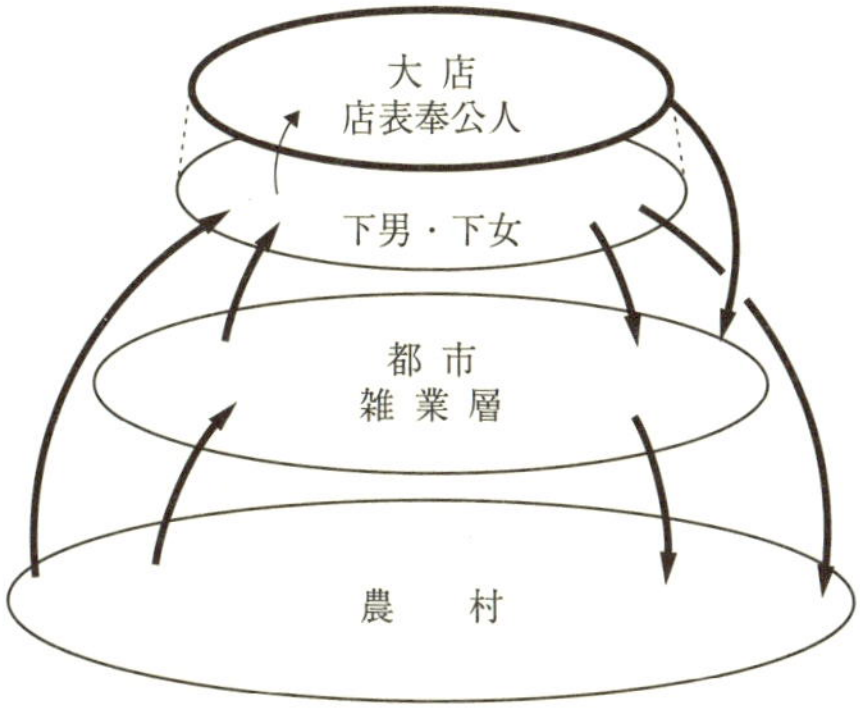

註　1）図2－1（49頁）と同じく，矢印はひとの流れを表わし，その太さが細い場合は移動量が少ないことを示す。
2）大店の店表奉公人の労働市場が太い枠で囲まれているのは，“内部化”の結果その封鎖性が強いことを示す。本来なら個々の商家ごとに示すべきであろうが，ここではそれを省略し，労働市場間の関係だけを問題としている。

八二一（文政四）年に江戸店五店計で一一四名の男子奉公人がいたが、伊勢出身者が一〇七名で、江戸出身者はわずか七名であった。しかも、その七名のほとんどは「江戸居住の別家を通じての縁故採用者」であったようである。[23]〝キャリア組〟は現地採用せず、が原則であった。そこでは、雑業者の世界のみならず、江戸町人の社会そのものとも切れていたのである。

もちろん、大店の世界と裏店の世界との間にまったく交流がなかったわけではない。もともと大店の〝終身雇用〟制度は、すべての手代に暖簾分けかマネジメント入りを保証するものではなく、入店者のかなりの部分が——少なくとも表向きは——〝自己都合〟によって中途退職するということが前提とされていた。他店以上に厳しい人事考課制度を採用していた三井の場合、それは成文化されていた。すなわち、「惣手代向後十五年迄役人ニ成間敷者ハ、人数之都合見合、前広ニ片付可申事」とあるように、勤続一五年で役付となれないものは「人数之都合」によっては「片付」けられてしまうという厳しさであった。事実、勤続一五年未満、平手代で退職したものは、一八〇六―三二年の間に本店の総手代数の五四％にも達していた。表4-3に戻っていうと、入店者のうち役付きになれたのは二割強、宿持手代まで昇進できたものは四％未満にすぎなかった。同表のパネルBは人口学における生命表に模して作成されているので、昇進できなかったものがイコール離職者であれば、節目ごとの離職率は一マイナス昇進率として計算できるが、現実にはそうではなかったので、ここから手代昇進後の正確な退職確率の推移を推測することは慎まねばならない。しかしそれでも、その間に非常に多くの中途退職者が生じていたことは窺えるのである。彼らの多くは、やはり商業を営む親元へ帰ったのかもしれない。現代風にいえば、中小企業ないしは自営業の世界へ転じたわけである。[24]さらに、正式に退職するのではなく、「欠落」した奉公人の例も少なからず存在するが、[25]その多くは雑業者の間を転々としたものと思われる。

他方、上方への移動としては、雑業者の世界から中途採用者として大店入りし、下男身分から昇進をして、役付きとなるということが稀にはありえた。しかし、このような交流は決して主流ではなかった。しかも、上方への移動の流れはますます細くなる方向へシフトしてきたというのが、十八世紀から十九世紀にかけての趨勢であった。図4-1は、中小の商家の世界を省略しているので極端に単純化されているが、その趨勢の行きついた先を示している。それは、第二章でみた二重構造の二つの型のうち〝都市モデル〟にほかならない(26)。

註

(1) 大阪南大組の職業統計については、松本四郎『日本近世都市論』(一九八三年)の二〇四頁で言及されている。大阪の府レベルの集計値についていえば、たとえば、内閣統計局編の『現在人口静態ニ関スル統計材料』(一九一三年)は一八七二(明治五)年から五年間分の府県職業別有業現住人口を載せているが、大阪府の雇人数は異常と思われるほど少ないこと、また一八八一(明治一四)年の表では、「農(雇共)」「工(雇弟子共)」「商(雇共)」と明示されていることからみて、明治初年の大阪府職業統計における「雇人」には商家奉公人等が含まれていない可能性が強い。また東京市にかんしては、しばしば利用される一八七二(明治五)年の壬申戸籍を使わなかった(それについては、たとえば南和男『幕末江戸社会の研究』、一九七八年、六一―一〇頁をみよ)。これは小木新造『東京庶民生活史研究』(一九七九年)も指摘するように、壬申戸籍による大区統計には合計二二小区分の郡部が含まれているだけではなく、かなり不正確だからである(三四―五頁)。そしてその不正確さは、「雇人」カテゴリーにもっとも顕著に現われる。たとえば第一大区の雇人人口は、本籍ベースで明治五年七月から翌一月にかけて二七％も増加している一方で、第二大区では五七％も減少しているのである。これは、戸籍作成の段階で奉公人の取扱をめぐってかなり混乱があったことを物語っているように思われる。第二の理由は、明治五年統計では寄留人員が載せられていない点である。これは奉公人の所在をみる上で、決定的な欠陥である。

(2) 『大阪商業習慣録』上編第六には、鴻池、三井、広岡、殿村の四家にかんする叙述がある。『大阪経済史料集成』第二巻(一九七二年)、一八一―八八頁。三井家にかんしては、さらに中井信彦「三井家の経営」(一九六六年）、『三井事業史』本篇第一巻（一九八〇年）第三章第五節、安岡重明編『三井財閥』（一九八二年）、五三―六四頁、および西坂靖「大店の奉公人の世界」（一九九〇年）を参照。また、安岡重明『近世商家の経営理念・制度・雇用』（一九九八年）では鴻池と三井の比較論が展開され、上村雅洋『近江商人の経営史』（二〇〇〇年）には近江商人の奉公人制度のサーヴェイがある。

（3）安岡『近世商家』（前掲、註2）、三一九―二〇頁。安岡は、三井家のなかでも呉服店（本店）においてとくに淘汰が厳しかったと述べている。

（4）『三井事業史』（前掲、註2）、二四三頁、江頭恒治『近江商人中井家の研究』（一九六五年）、八四九頁、丁吟史研究会編『変革期の商人資本』（一九八四年）、一三九―四七頁、林玲子「江戸店の生活」（一九七三年）、北島正元編『江戸商業と伊勢店』（一九六二年）、五七二―七三頁。

（5）日本橋本石町二丁目には、上方商人四人の他に、四軒の問屋と一軒の幕府御用達商人（「菓子渡世」で地主）とがいた。これら五軒の奉公人数は四一名、一戸平均八・二人であった。

（6）『三井事業史』（前掲、註2）、二四九頁。

（7）牧英正『雇用の歴史』（一九七九年）、一〇〇頁を参照。

（8）北島、前掲（註4）、五八一頁。

（9）明治末の新聞連載を単行本として出版した、丸山侃堂・今村南史『丁稚制度の研究』（一九一二年）には、「丁稚制度に関する諸家の意見」が付されている。ここに引用したのは伊藤忠兵衛の談である（同書、一六二頁）。

（10）この点について掘りさげた分析を行うことは本書の主題ではないが、第七章、二一五、二一七―一九頁で若干触れることになろう。

（11）丸山・今村、前掲書（註9）、一九頁。現代でも、人材形成に熱心な中堅企業の場合、大企業よりも持場の移動範囲が広いことがあるという。小池和男『中小企業の熟練』（一九八一年）、七四―七五頁。

（12）乾宏巳『なにわ大坂菊屋町』（一九七七年）、二一七―二四頁、同「近世都市の社会構造」（一九七九年）、二〇―二四頁。中野卓『商家同族団の研究』（一九六四年）第二章をも参照。

(13) 丸山・今村、前掲書（註9）、一六四—一六六頁。
(14) 以上、小池和男『職場の労働組合と参加』（一九七七年）、引用は二二三頁より。雇用職業総合研究所の調査結果は、小野旭「熟練仮説か生活費保障仮説か」（一九八七年）、第一表に引用されている（なお、この論文は新たな角度からの小池批判である。ただ、検討の対象は年功賃金であって、内部昇進制ではない。また検討の材料も、主としてブルーカラーである）。
(15) 岩波文庫版『近世風俗志』㈠、一九一頁。
(16) 二つの数字を比較すると次のようになる。

	南大組業数集		表4－1
士・僧・祠官	53		48
農	27		29
工	5,709		5,807
商	9,219		8,430
稼人	2,569		
日雇人	1,299		
泊り茶屋	549	雑業	6,086
医師・指南人	255		
その他	186		
	19,866		20,400

ここで「その他」とは，「卜筮」「山伏」「歎人」「隠居」「角力取」の合計である。また「御用達」3軒が別に掲げられているが，ここでは商に含めてある。なお，「手控」では「惣メ　壱万九千七百三拾七軒」となっているが，実際の合計と129軒差を生ずる。

(17) 佐賀県作成「戸籍加除式雛形」(明治七年)、細谷新治『明治前期日本経済統計解題書誌――富国強兵編』上の2(一九七八年)、三〇七頁より引用。棒手振については、吉田伸之「振売」(一九九〇)を参照。

(18) 以上、竹内誠「寛政-化政期江戸における諸階層の動向」(一九七二年)、三九四―九五頁を参照。引用は、『日本随筆大成』第三期3(一九七六年)、四二一―二二頁、および『日本芸林叢書』第九巻、曲亭書簡集(一九二九年)、一五六頁より。

(19) いずれも『大坂菊屋町宗旨人別帳』第七巻に所収。この二つの人別改帳は、それまでの宗旨人別帳と異なり家持一三軒しか記載していない。

(20) 以上、主として、乾宏巳『江戸の職人』(一九九六年)、武谷嘉之「近世大坂における家作『手伝』職の仲間形成」(一九九九年)、森下徹「近世瀬戸内地域における石材業の展開と石工」(二〇〇〇年)による。

(21) 江戸の人宿組合については南和男『江戸の社会構造』(一九六九年)第三章。人宿数の変化にかんしては同書、二一六―一七、三二〇―二一頁による。また、大阪にかんしては、『大阪市史』第一(一九一三年)、八四九―五〇頁参照。

(22) 鴻池については、広山謙介「近世後期における鴻池家の奉公人」(一九八二年)、第3表、菊屋町の事例は、乾、前掲書(註12)、三〇一頁による。

(23) 北島、前掲書(註4)、五七三頁。

(24) 『三井事業史』(前掲、註2)、二五三、三八三頁による。中井、前掲論文(註2)、九七頁をも参照。三井京本店において奉公人の勤務成績をどのように管理していたかについては、西坂靖「越後屋京本店手代の勤務成績管理と勤務状況について」(一九九八年)が興味深い。

(25) 欠落奉公人については、白木屋の事例による、林、前掲論文(註4)、同『江戸店犯科帳』(一九八二年)を参照。

(26) 第二章、五四頁。

第五章

江戸と大阪の歴史人口学

前二章では江戸と大阪の観察を中心に、前者では奉公人雇用の短期契約化と日雇化が進行したのにたいし、他方、後者においてはその拡大と奉公期間の長期化が生じたことを明らかにした。そして、前者の趨勢は雑業者化ないしは臨時雇用化と呼びうる動きの一部であったこと、後者の動きの核心は商家における内部労働市場の形成にあったことをも示唆した。もっとも内部労働市場の成立は必ずしも大阪経済圏に限られたことではなかったし、また狭い意味での商人に限られたことでもなかった。商業取引の大規模化とその組織の成長に伴ってどこにおいても生じえた、ひとつの構造変化だったからである。しかし、内部化された労働力が都市人口の無視しえない割合をしめていたという意味において、大阪はたしかに他の近世都市と異なっていた。他方、雑業者化の趨勢はほとんどの都市においても、大阪の町においてすらみられたことであったが、町人人口のみをとっても大阪をはるかに上回る人口規模を誇っていた江戸こそ、大阪とのコントラストをみるのにふさわしいであろう。

本章の目的は、こうした雇用構造の変化にみられるコントラストが、両都市の、あるいは階層間の人口動態にどのような影響をもったかを、主として結婚性向（nuptiality）と移動（migration）の面から、とくに家族形成（family formation）および結婚市場（marriage market）の面から考察しようとすることにある。

1 前近代の都市人口学——通説と問題点

前近代社会の都市における人口動態にかんしては、経験法則と考えられてきた命題がある。都市の死亡率水準は農村のそれよりも明瞭に高く、したがって都市人口は「農村からの若い男女の着実な流入によってのみ維持」され、また成長しえたというものである。たとえば、最初の数理人口学者の一人、ヴィクトリア朝英国のウィリアム・ファーは、同時代の統計から一地域内の死亡率は人口密度の指数関数として求められると述べたが、その後、この点に、疑念を差しはさむような実証研究は出ていないといってよい。むしろ、都市の規模が大きくなればなるほど死亡率が上昇するという関係が確認されており、その意味ではファーの観察は間違っていなかったといえる。中世以来、都市は〝墓場〟であり続けたのであり、また都市化が人口密度の上昇をもたらした場合は、〝蟻地獄〟効果がかえって増幅されることもあったのである(1)。

これは日本の歴史人口学界でも同様で、たとえば鬼頭宏は、「人口調節装置としての都市」と題するセクションを、「都市を人口調節装置と呼ぶことは、いささか奇妙に聞こえるかも知れない。しかし……前工業化社会の都市は他地域からの人口流入によって多少なりとも地域人口の規模を大きくするうえで貢献したが、人口再生産力は弱く、一種の蟻地獄として機能していた。この傾向は江戸時代の都市的発展が一段落した十八世紀以降、顕著になった」という文章で始めている。(2)

けれども、近世日本の場合、この高死亡率命題を支持する証拠は意外と多くない。都市の死亡率が出生率を上回っていたという証拠は、対馬藩の府中と飛騨国高山について得られる。さらに、一七四二年から資料が揃う長崎桶屋町では十八世紀第3四半期と十九世紀第2四半期が、一七九六年からデータがある奈良東向北町では十九世紀第2四半期が人口の自然減を記録したこともわかっている。(3) また、都市の死亡率が農村のそれよりも高水準であったという点にかんする直接の証拠としては、西濃輪中農村のひとつである西条村の分析から、都市への出稼奉公経験者(とくに男子)の死亡率が奉公経験のないものよりも高かったという、速水融の観察や、高山においては市内出生者の平均余命が市外移入者の平均余命よりも短かったという、佐々木陽一郎の報告がある。しかし、よく考えてみればわかるように、後者の二つの事例研究報告は必ずしも相互に整合的ではない。西条村の事例では、農村から都市への移動を経験したものの死亡率が高くなる傾向を示すのにたいして、高山の事例は、農村から都市への移入者の死亡率のほうが低かったということを示唆しているからである。(4) 他に間接的な証拠としては、諸国人口表から、都市化の進んだ地域ほど一七二一年から一八四六年にかけての人口変化率が低いという観察もなされているが、これには解釈上の困難が残る。ようするに、都市蟻地獄説はまだ証明されたとはいえないのであるが、ただ、よりよい資料が発掘され、他の条件を一定とした観察が可能ならば、人口密度が高いところほど死亡率が高くなる傾向にあったということはいえるのではないかと思う。ファーの法則を疑う理由は、徳川時代の日本についてもないのである。

問題は都市の出生率である。都市死亡率の絶対的な高さ以外に、未婚者が多く、有配偶率水準が低かったことからくる出生率の低さをも、あるいは死亡率要因以上に重視する点に、日本における〝定説〟の西欧のそれとは異なった特徴がある。

それは同時代人がすでに気づいていたことであって、第三章でみた対馬藩の陶山鈍翁の証言の他、「諸国ノ掃溜」といわれた十八世紀江戸における性比の異常なアンバランス――女子一〇〇人にたいして男子一七〇から一八〇人――が指摘されていた（後掲、図5-1）。性比のアンバランスは結婚市場における不均衡を意味し、出生率への影響はマイナスである。また、高山と秩父大宮郷にかんする数値実験によっても、都市人口の再生産能力は一を下回っていたこと、その原因は有配偶率の低さ、ないしは出生力水準自体の低さに求められるということが明らかにされている(5)。

けれども、結婚年齢や結婚市場自体の吟味、とくに都市の社会構造や雇用構造との関連における検討は、これまでほとんどなされてこなかった。実際、以下でみるように江戸の性比データは、十八世紀から十九世紀にかけて急速な改善があったこと、そして幕末にはまったくノーマルな水準に達していたことを示しているのであり、雇用構造の変化が結婚と家族形成のあり方へどのような影響を与えたかは、議論されてしかるべきポイントである。

このようにみてくると、〝定説〟といわれるものがどこまで事実にもとづいた定説であるか、まだ検討の余地があることがわかる。実際、第二章の最後の節で触れたように、そして次章で詳しくみるように、西欧の歴史人口学界においても、通説批判が二、三でてきている。そして、その批判が——死亡率水準が高かったという点に疑問を差しはさむのではなく——都市における奉公人・徒弟人口グループとその結婚行動、人口流入と都市性比との関連といった、結婚性向にかかわる要因に注意を向けている点で、わが国における問題状況と似てきているといえよう。そしていうまでもなく、前工業化期都市の人口動態にかんするこれまでの理解の修正は、本格的な工業化の開始とともに始まる近代の都市化の人口学的メカニズム、すなわち都市の人口転換の理解にも影響せざるをえないのである。

以下、本章においても、焦点を商家奉公人(およびその過程をへてマネジメント入りした通い番頭)と雑業者人口とに絞り、それらの存在形態と対照的な変化パターンとがどのような人口学的帰結をもたらしたかを、幕末・維新期における大阪北浜の戸口資料と江戸五ヵ町の配偶者選択のデータとから考察する。次節では、それに先だって両都市の人口変化を概観し、問題点を探ることにしよう。

2　江戸と大阪の人口変化概観

すでにみたとおり、幕末・維新期の大阪における住込奉公人の比率が他に類例をみないほど高かったのにたいし、江戸では人別帳から奉公人がほとんど姿を消していた。従来の議論にしたがえば、家族をもった町人は都市人口のなかで安定的な要素であり、奉公人や徒弟は不安定で移動性が高く、実際、農村からの流入者が多い。流入者の性比は多くの場合バランスがとれていないうえ、奉公という制度が彼らの結婚年齢を高める役割を果していたので、必然的に都市の出生率水準は低く抑えられていた。それゆえ他の事情、とりわけ死亡率水準がとくに著しく劣悪ではなかったとしても、都市人口の自己再生産は不可能だったのであり、人口維持のためにはさらに農村からの流入者を必要とした、ということになろう。

　すぐ後でみるように、十七世紀末から十八世紀初頭にかけての都市で男子が過剰であったのは事実である。しかし、すでに前節の最後のところで示唆したように、問題はそれ以降の変化にある。大阪の商家の世界において丁稚・手代といった奉公人への需要が増加したということは、大阪がその人口のますます大きな部分を農村からの流入者に依存することを、それゆえ都市人口のいっそうの拡大を意味したのであろうか。あるいは逆に、江戸の労働市場においてみられた雑業者化は、江戸人口の自己再生産能力をさらに弱めるという帰結をもたらしたのであろうか。

　答はいずれも〝否〟である。図5-1Aと図5-2、それに表5-1には江戸と大阪の人口推移を示しているが、それをみれば一目瞭然なように、十八世紀後半から大阪市中の人口は顕著に減少し、

図5－1　江戸の町人人口と性比，1721–1853年

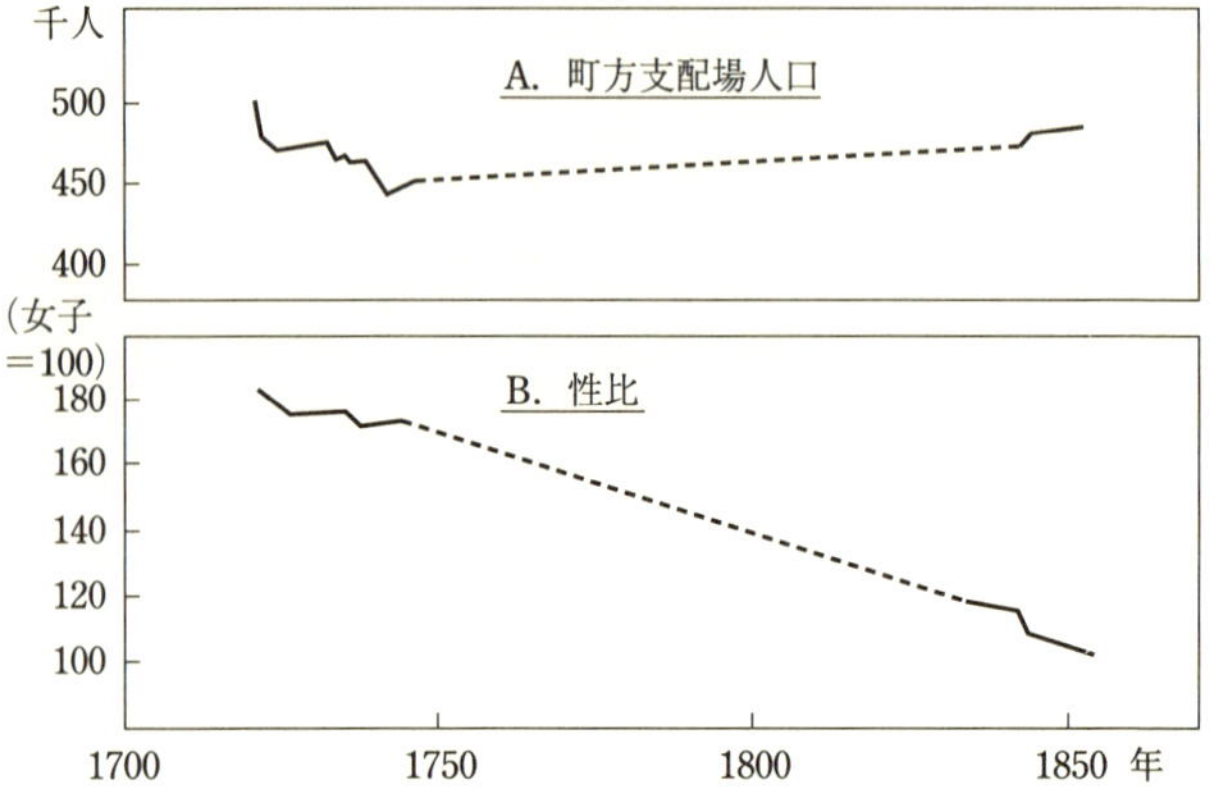

資料：幸田成友「江戸の町人の人口」(1938/72年)，248-49頁折込表，および吉原健一郎「幕末期江戸町人の存在形態」(1972年)，534頁。寺社門前町人(1733年以降でないと数字が得られない)は含まない。

註　原則として9月の数値。1721-47年の間，1832-53年の間は，欠年があっても実線で結んである。

その減少率は年平均〇・三%に達した。これにたいし江戸の町人人口は、十八世紀中頃にかけての減少の後、回復に向かい、年率〇・一%という緩やかなテンポではあったが、一八五〇年代の中頃まで増加を続けたのである。いうまでもなく、都市人口規模の変化の原因はさまざまであって、その動きでもって特定要因にかんする想定が正しいかどうかを判定するのは難しい。実際、大阪の人口減少はよく知られた事実であり、その要因としては、商品入荷量の縮小に現われた全国市場における地位の低下があげられるのが通例である。また、江戸人口の微増傾向についてはそれほど注意が払われてこなかったが、同じ時期におけるヒンターランド、いわゆる「江戸地廻り経済圏」の勃興と、それと併行してみられた江戸町

図5-2　大阪三郷町人人口の推移，1665-1868年

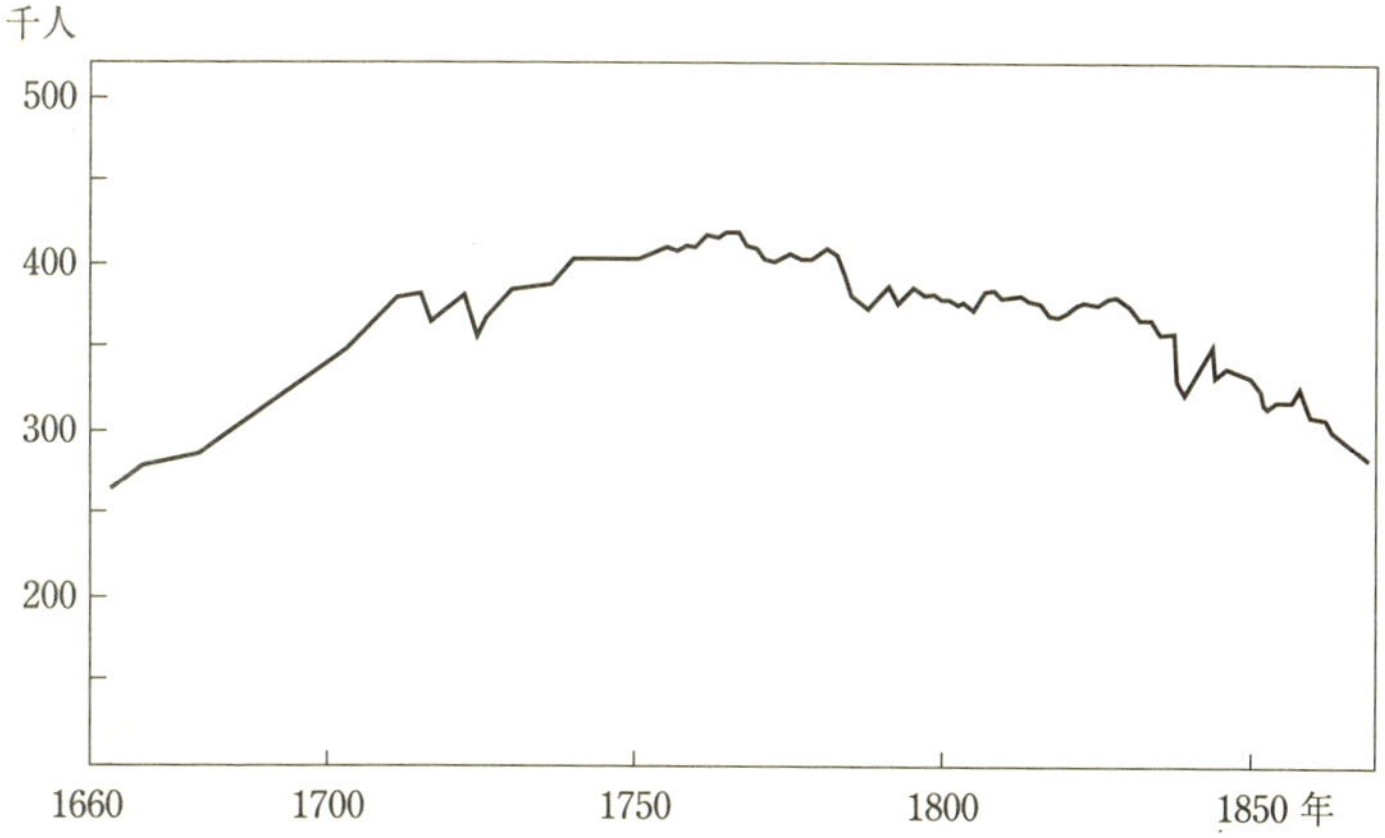

資料：『大阪市史』第1巻(1913年)，370-71，482-83，602，880-81頁，第2巻(1914年)，107，180-81，546，758-59頁。

註　1756-1859年の統計は連続している。その前後の時期にかんしては，欠年があっても実線で結んである。

人文化の隆盛——その結果としての文化中心の移動、すなわち「文運東漸」——とは、しばしば言及されてきた事実である。

しかし純粋に人口学的な事象としてみたとき、これらの図表は二、三の点で興味深い示唆を与えてくれる。

まず第一に、性比の改善が両都市においてみられる。大阪の場合、奉公人を除く町人の性比はもともと極端な値を示していなかったのであるが、奉公人性比は、十七世紀末における女子一〇〇にたいする男子一七六というような極端な男子過剰から幕末・維新期の一一七へと低下した（表5-1）。この間に奉公人需要は増加したのであるから、それが性比のアンバランス化と有配偶率の低下とをもたらし、ひいては出生率の低下を招いたという議論は成りたたない。それゆえむしろ、奉公

表5-1　江戸と大阪の人口推移

年次	町人人口	性比（女子＝100）		人口内訳 当地出生	人口内訳 他所出生
江戸	千人			千人	千人
1743年	501	171		—	—
1832	546	120		415	131
1855	574	105		432	142
1867	540	102		422	118
大阪		奉公人を除く	奉公人のみ		
1689	382	109[1]	176[1]	—	—
1765	420	—	—	—	—
1860年代	301[2]	100[3]	117[4]	—	—

資料：江戸については図5-1に同じ。ただし，町方支配場町人のほか寺社門前町人を含み，4月調である。大阪の1689年は「摂津鈔」『大阪編年史』第6巻，1969年，278-79頁），1765，1862年の人口数は図5-2に同じ。1860年代の奉公人を除く人口性比にかんしては「明治四年大阪南組家数役数坪数等調手控」（三井文庫所蔵資料），奉公人性比は第三章の表3-1より計算。

註　1）8歳以下の人口を含まない。
2）1862年。
3）1870年頃と思われる南大組の統計による。
4）三郷内10ヵ町の単純平均。

期間の長期化を伴うような雇用制度、の影響に眼を向けるべきであろう。

江戸の場合は大阪以上に際立った性比の低下がみられた。奉公人人口のみならず、全人口をとっても十八世紀初頭の性比が一七〇台と大幅な男子超過であったのが、維新直前には男女数がほぼ均衡するまでになっていた（図5-1B、表5-1）。

それは第二の注目すべき事実、すなわち他所出生者割合の少なさということと関連していたように思われる。江戸の人口にかんして当地出生者と他所出生者の区別がなされるのは一八三二年が最初であるが、そのときにはすでに他所出生比率が二四％にまで低下していた（表5-1）。いうまでもなくこれは人別帳に載ったものの割合であって、すでにみたように、その他に数万人に及ぶ「人別外之者」がいたことが推測される。けれども、たとえこの帳外れ人口のすべてが他所出生者であり、彼らを計算に加えたとしても、その割合が三分の一をこえることはおそらくなかったであろう。[6]

この間に住込奉公人のドラスティックな減少と雑業者化が進行したわけであるが、他方では流入人口の定着が進んでいたことが考えられる。表には載せなかったが、竈数（すなわち世帯数）をみると、一八三二年一四万二〇〇〇、一八四四年一四万六〇〇〇、一八五五年一四万二〇〇〇、一八六七年一三万八〇〇〇と、天保末年にかけて微増し、はっきりと減少に転じたのはその後であることがわかる。[7] 十八世紀の数値がわからないので明確なことはいえないが、他の動向と併せ考えると、一八四〇年代までは世帯数の増加がみられたように思われる。すなわち人口増加と併行して、単身者ではなく「所帯持」の増加もみられたといえよう。これもまた流入者の定着を示唆する点である。

3　仮説——奉公人制度は人口抑制の、雑業者化は人口増加の効果をもった

以上の観察から、上方商人の世界で形成された奉公人制度は都市人口の自己再生産能力をさらに弱める働きをし、他方、雑業者化の趨勢は家族形成のテンポを速める役割をしたという仮説をたてることができそうである。

実際、上方の——奉公人一般ではなく——商家に内部化された男子労働力にかんするかぎり、地

理的移動という面からもまた社会的移動という面からも閉鎖性が強まっており、農村との絆はほとんど消滅してしまっていたこと、また奉公期間が極端に長期化していたことは、前章において明らかにしたとおりである。鴻池家手代の別宅年齢は三六、七歳、三井家のそれは三九、四〇歳であったが、別宅イコール結婚と考え、また鴻池家のほうが平均に近かったとしても、彼らの平均初婚年齢は三〇歳台後半という、異常なまでの高さになっていたことになる。商家奉公人が次世代の都市上層を担う人たちであったことを考えれば、このような商家奉公人制度が都市上層の人口再生産にとってマイナスの効果をもっていたことは、想像に難くない。彼らにとっては、雇用制度が結婚と家族形成への制約条件となっていたのである。

これにたいして、雑業者化の人口学的効果は逆の方向を示していたように思われる。住込奉公人や徒弟の日雇・臨時雇化という現象は、被雇用者の側からみれば結婚と家族形成にかんする制約条件の解除を意味する。就業の機会が見つかりさえすれば、結婚年齢が若くなり、家族形成のテンポが速くなる。そうなれば、人口増加にはプラスの影響が及ぶはずだからである。

ただ、それがただちに雑業者の人口再生産率を引きあげたと考えるわけにはゆかないであろう。人口の再生産とは現在の世代が次の世代によって置きかえられてゆく過程であるが、その際に考慮されねばならないのは出生力だけではなく、結婚可能な年齢までに死亡してしまう確率と配偶者の死によって結婚が途絶する確率も重要な要因である。これらすべてを考慮にいれた再生産率が純再生産率であって、それが一より大きかったか小さかったかが検討されなければならない。たとえば、家族形成の可能性がひらかれたといっても、それは必ずしも、彼らの結婚年齢が他の町人層よりも低下し、婚姻出生力を高めたということまで意味しない。さらにまた、雑業者の間における死亡率水準は他の階層と比較して高かったであろうし、またとくに改善がみられたというわけでもなかったかもしれない。とくに高い乳幼児死亡率と配偶者の死による結婚中断の高い確率とは全体の出生率にたいしてマイナスの効果をもったので、家族形成促進のプラスの効果があったとしても、人口の純再生産率はやはり一より小であったことが十分に考えられる。しかし、都市労働市場における雑業者化が流入人口の家族形成と定着のチャンスを高めたということは、考えてみる価値のある仮説であるように思われる。

いうまでもなく、これらの仮説のテストを可能にしてくれるようなデータは乏しい。とくに、家族復元法によってのみ得られる人口学的情報と世帯の職業・就業形態にかんする情報とを突き合わせることができるような町方資料は、これからも見つからないであろう。けれども、まったく手がかりがないわけではない。そこで次に、そのような数少ないデータの吟味を行うことにする。

4 大阪北浜二丁目——結婚市場の閉鎖性

若林喜三郎の努力によって再構成された明治初年大阪北浜二丁目の「住民構成調簿」は、大店と裏店という二重構造の人口学的側面をみるうえで貴重な資料である。(8) それは、一八七二（明治五）

年頃に作成されたと思われる「戸籍下帳断簡」をもとに、「戸別商業段等調簿」「築港差加金人名録」などの記録を複合して一戸ごとの調簿に再構成した、マイクロ・データのデータベースだからである。

もちろん欠点も多い。まず第一に、もとになった戸籍簿が「断簡」であって、すべての住民をカヴァーしていない。おそらく一〇家族以上が不明と思われる。第二に、個人にかんする記載が必ずしも完全ではない。とくに戸主にたいする続柄が不明確な場合が、少なからず見られる。また出身地にかんする情報もあるが、相続にかんする記載に付随して与えられているため、記載内容が不明確であったり不完全なケースが相当数ある。職業等級が不明の戸主も少なくない。最後に、これは——必ずしも欠点とはいえないが——現住人口にかんするリストではない。調簿には住込奉公人がまったく記載されておらず、他方「文久二　今橋二　鴻池善右衛門へ奉公」というような註記が付された未婚の子供が含まれていることからみて、少なくとも個人にかんするかぎり本籍地主義によって作成された調簿とみるべきであろう。

けれどもこのような欠点にもかかわらず、この資料が貴重なのは、それが家族ごとの職業および就業形態にかんする詳しい情報を提供してくれるからである。とくに興味深いのは、主家通勤の商家マネジメント層、いわゆる通い番頭を他から区別できる点であろう。明治初年の職業統計においてとられた職業分類は「農」「工」「商」「雑」「雇」であって、所帯持の通勤ホワイトカラーであっても「雑」か「雇」に入れざるをえない。たとえば、「住民構成調簿」の第二番目にリストされている平野屋作兵衛の職業は、「戸別商業段等調簿」によれば「雑業」で等級は「中」、大阪築港のための募金活動の記録である「築港差加金人名録」によれば「傭」で募金請高が五〇円である。雇われ人であってなおかつ戸長給をはるかにこえる額を寄付できたということは「雑業」のイメージに合わないが、それは彼が、大店のマネジメントの一員である通い番頭だったからであろう。実際、彼は旧藩債処分関係書類に債権者の一人として名を連ねていた。(9) このように経済力を示す情報を利用すれば、大店とそこへ通勤するビジネスマンの世帯は他から区別できる。その点において、この資料はまことに貴重なのである。

表5-2は、この資料から、戸主および戸主の妻と両親の出身地を階層別にみたものである。「中」「下」は原資料のとおりであるが、ここにいう「上」は「戸別商業段等調簿」の「上」に、原資料では「雑」あるいは「傭」とされているが、実際は通い番頭と推定されるものを加えている。すなわち大店階層である。その「上」二六家族のうち六戸が「主家」で、残りの二〇戸が通い番頭の家族である。

表から明らかなように、「上」二六戸のうち農村出身者はまったく例外的であり、ほとんどが大阪か、そうでなければ京あるいは近江商人・伊勢商人の出身地からきたものであった。これにたいして他の階層、とくに下層をみると、すぐ気がつく点は、農村出身者の割合が高くなるということであろう。この都市-農村間の結びつきは予想されたことである。そしてまた、この上・下層間のコントラストは『近世風俗志』の記述から予想されたことでもあった。

表5－2　大阪町人の階層別出身地：北浜二丁目，1872年

出身地	階層			
	上	中	下	不明
A．男子	人(%)	人(%)	人(%)	人(%)
都　市	17 (70.8)	21 (58.3)	49 (51.6)	20 (69.0)
大阪三郷内	14 (58.3)	14 (38.9)	43 (45.3)	14 (48.3)
京，近江，伊勢	3 (12.5)	4 (11.1)	1 (1.1)	2 (6.9)
その他	0 (0)	3 (8.3)	5 (5.3)	4 (13.8)
農　村	2 (8.3)	9 (25.0)	21 (22.1)	3 (10.3)
不　明	5 (20.8)	6 (16.7)	25 (26.3)	6 (20.7)
合　計	24 (100)	36 (100)	95 (100)	29 (100)
B．女子				
都　市	27 (90.0)	23 (71.9)	64 (68.1)	17 (73.9)
大阪三郷内	21 (70.0)	19 (59.4)	46 (48.9)	13 (56.5)
京，近江，伊勢	4 (13.3)	4 (12.5)	9 (9.6)	1 (4.3)
その他	2 (6.7)	0 (0)	9 (9.6)	3 (13.0)
農　村	2 (6.7)	6 (18.8)	19 (20.2)	4 (17.4)
不　明	1 (3.3)	3 (9.4)	11 (11.7)	2 (8.7)
合　計	30 (100)	32 (100)	94 (100)	23 (100)
戸　数	26	35	97	30

資料：『北浜二丁目戸長文書』(1984年)，1-22頁より作成。

註　1) 出身地は「末吉橋通一　森井市兵衛二男」といった記載からの推定である。したがって出生地とは必ずしもいえない。また，これはすべての戸主について記載されているわけではない。「先代倅」とだけ書かれている場合には当地出身と看なした。

2) サンプル・サイズを大きくするため，配偶者と両親も含めた。そのために，あるいは農村の比率が若干高目に出ているかもしれない。

3)「京」には伏見も含む。

表5－3　出身地からみた大阪町人の配偶者選択：北浜二丁目，1872年

夫の出身地 妻の出身地	大阪，京， 近江，伊勢	その他	計
A．階層上			
大阪，京，近江，伊勢	11 (73.3)	1 (6.7)	12 (80.0)
その他	3 (20.0)	0 (　0)	3 (20.0)
計	14 (93.3)	1 (6.7)	15 (100)
B．階層中下			
大阪，京，近江，伊勢	32 (49.2)	17 (26.2)	49 (75.4)
その他	7 (10.8)	9 (13.8)	16 (24.6)
計	39 (60.0)	26 (40.0)	65 (100)

資料：表5－2に同じ。
註　1）夫婦の出身地がともに判明するケースのみを集計。
　　2）カッコ内は総計を100とするパーセンテージ。
　　3）「京」は伏見も含む。

ただここで注意すべきは、中および下層における農村出身者の割合が水準としては決して高くはなかった点であろう。下層であっても約半数は大阪三郷内の出身であり、たとえ相当数ある出身地不明のケースがすべて農村出身であったとしても、農村のシェアは五〇％ラインをこえなかったのである。

同じことを配偶者選択という面から捉えなおしたのが、表5－3である。結婚市場のあり方をみる上では表5－2より本表のほうがよいのであるが、サンプル・サイズが小さくなってしまうため、あまり強い結論は出せないかもしれない。とくに不明のケースが下層の農村出身者に多かった可能性が高いことを考慮すると、パネルBの地方-地方の組合せは過小と考えるべきであろう。しかしそれにしても、上層のカップルには地方-地方の組合せがゼロであり、商家の世界内部での組合せが約四分の三をしめていたという事実は、その階層の閉鎖性を示していてまことに象徴的である。

表5－4　階層別の夫婦年齢と子供数：大阪北浜二丁目，1872年

	階層		
	上	中	下
夫婦数	19	25	46
夫の平均年齢	40.3	46.5	41.7
	[6.46]	[11.2]	[9.88]
妻の平均年齢	29.6	38.8	34.3
	[5.41]	[10.0]	[8.28]
未婚の子供数	1.42	1.72	1.83
	[1.22]	[1.43]	[1.68]

資料：表5－2に同じ。
註　1）夫婦の年齢がともに判明するケースのみを集計。
　　2）ブラケット内は標準偏差の値。

以上の観察は、人口再生産の階層間格差の問題と無関係ではないであろう。大店の世界における閉鎖性は、その特異な奉公人制度を通過してきた手代の別宅年齢、したがって結婚年齢を、鴻池家の場合の三六、七歳というような高さにまで押し上げる傾向を伴っていたのであり、それゆえまた出生率を押し下げる傾向をもっていたと思われるからである。

表5－4はこの点をみようとしている。いま大店の世界にある上層と雑業者に対応する下層とを比較すると、夫の平均年齢はほとんど同じであるが、妻の平均年齢は五歳も違う。実際、夫婦の年齢差は下層では七歳であるのに対して、上層では一〇歳をこえる。[10] これは、手代層の別宅年齢の異常な高さを埋めあわせる意味をもっていたと考えられる。しかしそれにしても、手代の別宅＝初婚年齢が三七・〇歳であったとすれば、その妻の平均初婚年齢は二六・三歳ということになり、当時の水準から考えるとやはり際立って高かったといえよう。徳川後期の農村における

女子の初婚年齢が平均で二四歳をこえることはほとんどなかったし、また都市でも、数少ない事例研究および後掲の表5-8からみると、市内出生者の平均初婚年齢が農村の水準と大きく異なっていたとは思われないからである。(11)

5 大阪北浜二丁目——低い出生力

高い初婚年齢は家族形成のテンポを遅くし、他の事情が一定なら小さな完結家族数をもたらす。いま北浜二丁目につきこれら人口学的変数の値を得ることは不可能であるが、戸籍に載っている未婚の子供数を比較することはできる。もちろんそれはきわめて不正確な尺度であり、とくに奉公等のために家を離れた未婚の子供の数と年齢が大きく異なる場合の比較には問題があろう。しかし、この資料では奉公中の子供も戸籍に記載されているわけであるから、在籍の平均未婚子供数をもって、人口再生産がどの程度可能であったかを知る手がかりとすることも許されよう。表5-4の最後の行にみられるように、その値と階層との間には明白な逆相関がみられる。夫の平均年齢がほぼ等しい上層と下層を比較すれば一・四二人と一・八三人であるから、上層のほうが約〇・四人子供数が少ないことになる。

当時は所得階級ないしは社会階層が上位なほど婚姻出生力が高いのが一般的であったから、(12)この逆相関という発見事実は注目に値する。もっとも夫の年齢に大きな違いはなかったにしても、妻の年齢には明瞭な差があったので、出産可能期間終了時の子供数には格差がなかったかもしれないし、また〇・四人という上下間の差も――サンプル・サイズが小さいためであろう――統計的には有意な違いとはいえない。けれども、下層の一・八人という数字自体、おそらくは高い乳幼児死亡率を反映してであろうが、決して高い水準の値とはいえない。それどころか、自己再生産ラインぎりぎり、場合によっては下回っていた可能性が高いのである。

もっとも、この言明を厳密な意味で証明することはなかなか難しい。しかし農村についてではあるが、人口増加期には二人から二・七人であった信州諏訪郡横内村の既婚男子の戸主一人当り未婚子供数が、婚姻出生力の低下と人口の減少ないしは停滞とがみられた時期には一・六人から二人強になったことを考えれば、一・八人という水準はかなり低い出生率と対応していたことになる。また鬼頭宏は秩父大宮郷のデータから、都市の「人口維持のボーダーライン」にあたる出生数を五・三六人と計算しており、これは、同じく鬼頭の推計による農村の数値より一・二二人も多い。この差は都市-農村間の死亡率格差の反映であるが、その格差を前提すると、人口再生産が可能であった人口グループの在籍未婚子供数は二を大きく上回っていたことになる。それゆえ、都市の死亡状況がそれほど劣悪でなかったとしても平均在籍子供数一・八人に対応する出生力水準は再生産ラインぎりぎり、そうでなければ下回っていた可能性が大きいのである。(13)

とすれば、たとえ上層の出生子供数が下層のそれと同じであったとしても、上層町人家族の人口再生産は容易でなかったことになる。近世史家の松本四郎は大阪三郷における分・別家と移動の事例から、「都市住民の自己増殖によって［人口が］維持されているというところに［近世における］大都市の一つの特徴を見出すことができよう」と述べているが[14]、それが、大阪町人人口の純再生産率は一をかなり上回っていたということを意味しているとすれば、明らかにミスリーディングなのである。

大阪の商家では、養子相続がとくに珍しいことではなくなっていた。それも大店においてそうであった。船場の道修町三丁目における相続例三一三（一七一〇―一八六八年）のうち養子による相続は三三％に達していたが、島之内の菊屋町では五一六例のうち一七％であったのも、このことを裏づけている[15]。大店において、そしてある程度まで中小の商家においても、暖簾がいかに大切であったか、イエの継続がいかに重要であったかを示しているが、他方その背景には、養子をとらないかぎりイエの継続も難しいという人口学的状況があったに違いない。

6　江戸五ヵ町――流入者と結婚市場

それでは、雑業者化の効果についてはどうか。大阪北浜二丁目の事例にもとづく表5-4から、都市下層の人口自己再生産率は一を上回ることはなかったという示唆がなされたが、雑業者化の人口学的効果は、死亡率にでもまた婚姻出生力にでもなく、結婚と家族形成に端的に現われると想定されているのであるから、表5-4とは別の角度から検討されねばならない。ここでは、大阪とは

表５‐５　出生地からみた江戸町人の配偶者選択：江戸５ヵ町，1860年代

夫の出生地 妻の出生地	江　戸	他　所	計
江　戸	149 (44.6)	67 (20.1)	216 (64.7)
他　所	30 (9.0)	88 (26.3)	118 (35.3)
計	179 (53.6)	155 (46.4)	334 (100)

資料：麹町十二丁目，四谷伝馬町新一丁目，渋谷宮益町，同道玄坂町，同東福寺門前の人別帳。年次は，最初の２ヵ町が1865（慶応元）年，後の３ヵ町が1867（慶応３）年である。南和男『幕末江戸社会の研究』(1978年)，23，43，64，81，100頁による。

註　カッコ内は総計を100とするパーセンテージ。

異なり、雑業的雇用機会の拡大と人口の微増とが――少なくとも一八四〇年代末までは――みられた江戸の結婚市場、とくに出身地からみた配偶者選択の問題を手がかりとして、その問題を考える。

この点、幕末江戸市中五ヵ町の人別帳は生国を記載しているので[16]、大阪北浜の場合よりは明確な像を描くことができる。

表５‐５が全体をプールした場合の結果を示している。これによれば江戸生と江戸生の組合せがもっとも多く、全体の半分近くをしめる。次いで他所生と他所生の組合せが四分の一、残りが江戸生と他所生の組合せとなっている。そのうちでは江戸生の女子が他所生の男子と結婚するケースのほうが多く、全体の五分の一である。幕末には、江戸市中の大多数が流入者という状態からはほど遠い状況にあったことがわかる。これは表５‐１の観察とも整合的であり、また興味深いことに、大阪北浜二丁目における中・下層の場合と――そこでは地方‐地方の組合せがやや過小であったことを考慮すれば――ほとんど同じパターンといえる。これは、江戸と大阪のもっとも顕著な違いは

表5-6　階層別江戸町人の配偶者選択：江戸5ヵ町，1860年代

夫の出生地 妻の出生地	江　戸	他　所	計
A．家持層			
江　戸	57 (43.2)	34 (25.8)	91 (68.9)
他　所	17 (12.9)	24 (18.2)	41 (31.1)
計	74 (56.1)	58 (44.0)	132 (100)
B．店借層			
江　戸	91 (46.4)	31 (15.8)	122 (62.2)
他　所	13 (6.6)	61 (31.1)	74 (37.8)
計	104 (53.1)	92 (46.9)	196 (100)

資料：表5-5に同じ。
註　1）家持層には家主，地借をも含む。
　　2）カッコ内は総計を100とするパーセンテージ。

大阪の上層町人にあたる階層が江戸では欠如していたことにあり、それ以外の部分では両都市とも類似の構造を有していた、ということを示唆している。

次に、この表を家持と店借という階層によって区分する。表5-6がその結果を示すが、これによればもっとも顕著な階層差は他所-他所の組合せに現われる。予想されるように、下層のほうが流入者同士の結婚の割合が高いのである。しかし、それでもそれは三〇%強でしかなかった。さらに注目すべきことに、江戸-江戸の組合せも店借世帯のほうが若干高い割合を示していたのである。

このような階層差のパターンは、雑業者比率四三%、借屋比率七四%と「細民」が多く、当時としては典型的な場末の町であった渋谷を取りだしてみると、いっそう鮮明となる（表5-7）。そこの店借層においては、他所-他所という組合せの割合がさらに高まると同時に、江戸-江戸の組合せもまた増え、店借町人夫婦の半数以上

表5－7　渋谷3ヵ町における階層別の配偶者選択，1867年

夫の出生地 / 妻の出生地	江　戸	他　所	計
A．家持層			
江　戸	18 (48.6)	5 (13.5)	23 (62.2)
他　所	7 (18.9)	7 (18.9)	14 (37.8)
計	25 (67.6)	12 (32.4)	37 (100)
B．店借層			
江　戸	64 (52.9)	12 (9.9)	76 (62.8)
他　所	3 (2.5)	42 (34.7)	45 (37.2)
計	67 (55.4)	54 (44.6)	121 (100)

資料と註：表5－5および5－6をみよ。

は江戸出生者同士の結婚だったのである。雑業的就業機会の多い大都市は、農村部から若年の移動者を引きつける力をもっていたと同時に、彼らが——出身地にUターンをするのではなく——市中で結婚をし、「所帯持」となり、定着をするチャンスを与えるところでもあった。

7　江戸への定着と家族形成

以上は、「江戸ハ諸国ノ掃溜」という、当時から広く流布していたイメージからすれば驚くべき発見事実というべきであろう。しかし、表5－1によってすでに示唆しておいたこと、すなわち、江戸の結婚市場における性比のアンバランスは十九世紀にはすでに完全に解消されており、それとともに流入者の家族形成と定着とが進み、結果として町人人口の大半が市中の出生者となっていたという想定からみれば、まさに整合的な事実なのである。

このようなことは、幕府の勘定奉行によっても認識されて

いた点であった。幕府は寛政初年に旧里帰農奨励の触を再三にわたって出したが、一七九二（寛政四）年、勘定奉行三名は江戸流入者がなぜ帰農したがらないかの理由をあげて、次のように述べていた。

「町々場末軽キもの共、稼薄く到渡世兼、本所荒井町辺ニ而ハ、右躰之者三十人余も有之、店賃等も滞り、地主も難儀到候趣之風聞書御渡被成、右躰成者之内、在出之者候ハ、帰農なと取計方之儀、一同評議仕可申上旨御書取を以被仰渡候ニ付、評議仕候所、帰農之儀ニ付而ハ再応御触も有之候得共、願出候もの至而少く候は、当地ニ而ハ乍難儀も、夫々之小商又ハ日雇稼等格別ニ骨折レ不申、可也ニも取続罷在候得共、在方ニ而農業いたし候儀ハ、在方出生之者ニ而も一旦中絶いたし候而ハ骨折候義相成兼、又は其当人ハ帰農之志有之候而も、江戸表ニ而妻子持之者なとハ、其妻子在方を嫌ひ候類も可有之、一体柔弱より事起り、困窮いたしなから帰農之儀願出不申も可有之……」(17)

すなわち、江戸市中では「小商又ハ日雇稼等」はそれほど骨も折れず、「妻子持」として定着もでき、そうすれば「妻子在方を嫌」うので余計に帰農の可能性はなくなるというのである。

その結果として、都市下層における出生力は上昇したのであろうか。この点についての立ち入った検討は将来にまたなければならないが、ここでは、前節の観察には利用できなかった明治初年の

表5-8　江戸町人の職業階層別結婚・出生指標：日本橋本石町二丁目・神田松田町，1869/70年

	職業階層		
	渡世	職人	雑業
夫婦数	65	40	24
男子結婚年齢（歳）	28.7 [5.86]	27.2 [5.12]	30.0 [5.84]
女子結婚年齢（歳）	21.7 [5.14]	22.1 [4.91]	24.0 [6.31]
未婚の子供数（人）	1.8 [1.36]	1.9 [1.37]	1.9 [1.30]

資料：斎藤修・友部謙一「江戸町人の結婚・出生行動分析」（1988年），60頁。
日本橋本石町二丁目および神田松田町の戸籍資料による。
註　カッコ内は標準偏差。

戸籍資料からその一端をうかがうことにしよう。日本橋本石町二丁目と神田松田町のデータをプールした分析となる(18)。

最初に結婚年齢をみる。戸籍にある戸主と妻の現在年齢と結婚年次から計算されたもので、明らかな再婚者と結婚年不詳の場合は除かれている。一二九組からなるサンプルを渡世・職人・雑業の三階層に区分すると、表5-8のとおりである。男女とも雑業者の結婚年齢は高く、渡世層の女子と雑業層の女子では二歳程度の差が生じていた。サンプル・サイズが小さいため統計的な有意性は低いが、階層が上がると結婚年齢が下がる傾向があったようである（これは、すでに言及した長崎桶屋町のデータからも確認される。ただし、男子の場合、時とともに階層間格差は縮小していた）。

このような階層間に存在した傾向からは、当然に、渡世・職人層の子供数が雑業層の子供数よりも多いという結果が予想される。しかし実際は、未婚で同籍の

子供数は階層間でまったく差がなかった。表5-8には未婚の子供数を掲げている（正確には籍を同じくする未婚の子供数であるが、事実上、未婚の同居子供数と考えてよいであろう）。そこからわかるように、渡世層で一夫婦当り一・八人、職人・雑業層が一・九人であった。もちろん、これは結婚年齢が子供数に影響しなかったというわけではない。事実、個々の夫婦をデータとして回帰分析をすると、結婚年齢の同居子供数にたいする効果は有意に負とでる。ただ、そこに職業階層の違いが影響していたか否かをみるためにダミー変数を追加してみても、意味のある結果は得られない。すなわち、江戸では、雑業者の人口行動も商人のそれと本質的な相違はなかったのである。

この事実は、雑業者の都市への定着がどのような人口学的効果をもったのかを考える手がかりを与えてくれる。雑業者の世帯形成がなされたということは、彼らの結婚年齢が目にみえるかたちで低下することを意味してはいなかったかもしれない。また、彼らの多くは、住所の移動という面からみれば、やはりきわめて不安定な集団であった。けれども、その雑業人口グループのほとんどが単身者からなる場合と、かなりの部分が所帯持である場合とでは、人口学的な帰結は異なってくる。世帯形成ができる場合には、ひと並の子供数を実現することができるからである。それは、究極的には都市人口の出生率水準を上昇させるような違いであるが、現実の出生率が幕末から本当に上がりはじめていたかどうかは別として、雑業者化という趨勢がそのような方向への効果をもったということは強調されてしかるべきであろう。

8　結論――雑業者化は結婚と家族形成を促した

都市は農村出身者からなっていたという通念が妥当するのは、どうやら徳川中期までのことであったようである。これは江戸と大阪の人口にかんする検討からいえる第一の結論であるが、しかし、その意味は両都市においてまったく異なっていた。

大阪の大店の世界においては、第三章の初めにみた『曾根崎心中』の主人公・徳兵衛の例が示していたように、すでに十八世紀の初めには、丁稚制度による人材調達は上方の商家ネットワークの内部に限られていたし、また彼らの婚姻圏もその内部に限定されていた。それは子飼制と内部昇進制とを伴う商家奉公人制度の確立と密接な関連をもっており、その結果産みだされてきた、ホワイトカラー的中産階級の先駆形態ともいえる商家マネジメント層の人口学的プロファイルは、高い結婚年齢と低い出生力とによって特徴づけられることとなった。

これにたいして江戸のパフォーマンスは異なっていた。すでに何度か強調したように、十八世紀中葉から一八四〇年代末まで、きわめて緩やかなテンポではあったが町人人口と世帯数の拡大が続いたのである。農村からの人口流入の勢いが止まっていたなかで、当時の大都市のなかでは例外的に、第一位の都市がその人口規模を維持しえたということは、比較都市史ないしは歴史人口学的にみてまことに興味深い。本章での観察が示唆したことは、その背景には、江戸労働市場における雑業者化が流入者の結婚と都市への定着を促す効果をもったのではないかということであった。

表5－9　都市と農村における出生指標の階層間格差：江戸・大阪と農村サンプル

都　市	職業階層		
	大店	渡世　・　職人	雑業
未婚子供数（人）			
江戸，1869/70年		1.8　　1.9	1.9
大阪，1872年	1.4	1.7	1.8
農　村	持高階層		
	10石以上	2－9石	2石未満
出生数（人） 濃度6ヵ村サンプル	5.9	3.9	3.7

資料：江戸・大阪の数値は表5－4と表5－8より。農村サンプル（1690年代-1860年代）は速水融『近世濃尾地方の人口・経済・社会』（1992年），88頁による。

表5－9は、江戸と大阪における出生力を階層間格差の観点から農村の場合と比較したものである。出生力の尺度が江戸・大阪と農村では異なっているが、階層間の傾向をみるには問題ない。

まず、濃尾六ヵ村のデータからわかる傾向を確認しておこう。持高一〇石以上というのは、保有地の少なくとも一部を小作に出している地主と考えてよく、二石未満層は耕作地の大部分が借地の小作農であろう。そのあいだに観察されるのは、豊かな家族ほど子沢山ということであった。これは近代以前のどの社会にも共通した傾向であって、徳川農村も例外ではなかったのである。これにたいして、江戸では階層間に差が存在せず、大阪は農村と正反対の現象を示していた。エリート層である大店の人びとの出生力が目立って低く、裏店の住人のそれは都市一般の水準とかけ離れたものではなかった。それも、この少数の特権階級が近代的な産児制限を先駆的にはじめていたからではなく、彼らの結婚年齢が極端に遅くなる傾向があったからであった。

本章の初めに述べたように、近代以前の都市人口の自然増加率はゼロ、ないしはマイナスとなることが珍しくなかった。そのような低い人口維持力を内部から補うことができたのは都市上層の出生力だったはずである。しかし、徳川時代の大阪の場合、大店の世界における人口維持能力はまことに低位だった。一国の都市社会をマクロ的にみたとき、それに代わりえたのが雑業層の家族形成だったのではないか、というのが本章の結論なのである。

柳田國男の直観はつとにこの動き——「身一つ」の流入者が「妻を持ち子を育て終に裏店の一生」をおくることとなるという傾向——を捉えていたが、[19] それはさらに、都市の出生率水準を引上げる効果をもっていたという点も、本章で示唆されたことであった。ただ徳川時代の間は、より正確にいえば都市の死亡率水準がまだ高い間は、その出生率引上げ効果は潜在的なものにとどまり、それが眼にみえるかたちで観察されるようになったのは明治に入ってからである。

全国レベルの都市化を考えると、大都市の動向だけではなく、むしろそれ以上に中小都市の人口変化をみなければならない。とりわけ在郷町の動向が鍵となろう。残念ながら在郷町の歴史人口学は十分な研究の蓄積がなく、また江戸と大阪の比較史をテーマとする本書の範囲をこえるが、ここでは、江戸の雑業者化にかんして提示した人口学的効果が在郷町の人口変化を考えるうえでも重要なのではないか、ということを示唆して本章を閉じたい。

高橋美由紀の東北・郡山の研究は、その点で興味深い事実を教えてくれる。[20] 郡山は、表1-3における「中小」都市（人口一万人以上）よりもさらに小規模で、幕末になって図1-2における人口三千以上五千人未満のカテゴリィに入ったところであったが、徳川時代の後半期を通じて急速な人口拡大をみせた地方の在郷町である。郡山上町では一七〇九年の七九六人から一八七〇年の二六一二人へ、郡山下町は一七八二年の八九一人から一八七〇年の一九五六人へと増加した。上町の宗門改帳から算出される普通出生率と普通死亡率の水準は、周辺農村の水準とあまり変わらなかったというので、郡山は、都市とはいってもかなり「農村的環境」を残していたのかもしれない。したがって〝蟻地獄〟的な様相はみられなかったかもしれないが、それでも、町の急速な人口増加に寄与したのが人口流入であったことは想像に難くない。

しかし、ここで重要なのは、この一世紀余のあいだに、郡山における労働市場のあり方と流入人口の性格に変化があったという観察事実である。やはり上町の資料によれば、流入者総数にしめる「奉公」の割合は低下した。これは男女ともにみられた現象であるが、男子において顕著であった。その年季奉公に代わって増加したのが、「結婚」や「養子」での移動と「店借」「引越」「厄介」を理由とする流入である。結婚と養子は——多少の時間的ずれを伴ったとしても——世帯の形成につながるものであるが、店借と引越も、すでに結婚し家族をもっていたものが住居を移動させた場合である可能性が高い。さらに、「厄介」とは他人の世帯の同居人となることであるが、彼らもまた、そこをステップに独立世帯をもつことが多かったという。

奉公を理由とする流入者の減少という観察事実からは、日雇ないしは短期契約の雇用の増加が予想される（他方、数は多くないが、大商店の奉公人の奉公期間は長くなる傾向があったという）。すなわち雑業者化の進行である。次に、結婚を理由とした流入や引越形態での転入が多かったという事実からは、そのような雑業者化が家族形成と密接な関連を有していたことがうかがえる。それだけではなく、所帯持の移動が少なからずみられたということは在郷町のひとつの特徴であったかもしれない。江戸近郊の市場町であった八王子横山宿の研究からも[21]、この世帯をあげての引越転入が、これまで考えられていたよりも高い割合をしめていたらしいことが明らかにされているからである。「自由」な労働市場の存在が高い人口流動性をささえていたと同時に、それが家族形成率を高い水準に保つ役割を果たしていたのであろう。

在郷町における雑業者化は、江戸の場合以上にストレートに、人口増加につながったのではないであろうか。単身者の流入―結婚と家族形成―都市の人口増加力の底上げという連鎖のなかの、最初のリンクが迅速になされたと想定できるからである。他方、第二のリンク、すなわち家族形成率の高さから都市人口の増加への要因連関が働くかどうかには、死亡率の水準も関係する。すでに述べたように、この地方都市における死亡状況は江戸のような大都市における劣悪な死亡状況とは非常に違っていたようである。それゆえ、このメカニズムが全体として作動したときの人口増加はかなり力強いものであったに違いない。

第一章では、幕末日本における都市の順位・規模分布線の傾きがゆるやかとなったことをみた。すなわち、大都市の人口減少と、一万人規模以下の小都市における人口増加とが相伴って起こったのである。大阪の大店の世界で生じた変化は全国レベルの順位・規模分布を大きく変えるような力をもたなかったかもしれないが、江戸で観察された雑業者化の動きは、明らかにその形状に影響するだけの地域的ひろがりをもっていたのである。

註

(1) リグリィ『人口と歴史』(一九六九/八二年)、一〇五―一一頁。また同じ著者のロンドンにかんする論稿 'A simple model of London's importance in changing English society and economy' (1967) をも参照。ファーの定式化は *Vital statistics* (1885), pp. 153-78 をみよ。
(2) 鬼頭宏『人口から読む日本の歴史』(二〇〇〇年)、一八六頁。
(3) 対馬については、陶山鈍翁「口上覚書」(『日本経済大典』第七巻、一九二八年、に覆刻)、一七〇―七四頁。高山にかんしては、佐々木陽一郎「江戸時代都市人口維持能力について」(一九七七年) および 'Urban migration and fertility in Tokugawa Japan' (1985)、長崎については友部謙一「近世都市長崎における人口衰退について」(一九九九年)、奈良にかんしては速水融「近世都市の歴史人口学」(一九九〇年)、「近世奈良東向北町の歴史人口学」(一九九〇年) をみよ。
(4) 新保博・速水融・西川俊作『数量経済史入門』(一九七五年)、五七頁。
(5) 佐々木、前掲論文 (註3)、および鬼頭宏「近世後期地方都市の人口再生産力」(一九八五年) をみよ。
(6) 他所出生者の比率が低いのは、流入者の家族であっても子供の多くが江戸生となるためとも考えられる。けれども、後に検討する江戸五ヵ町についてみると、総人口のうち他所出生者のしめる比率二九・一%、一五歳以下を除いた場合の比率三三・七%で、たしかに高くはなるが、大半が江戸生であったという事実に変わりはない。ちなみに、この五ヵ町人口の性比は一〇六、一六歳以上では一〇八であった（以上、南和男『幕末江戸社会の研究』、一九七八年、二二、四〇、六一、七九頁より計算）。

（7）出典は、図5-1に同じ。

（8）若林喜三郎編『北浜二丁目戸長文書』（一九八四年）、一―二二頁。なおこの北浜二丁目は、徳川時代における北組の北浜一・二丁目、過書町、梶木町からなっていた。

（9）若林、前掲資料集（註8）、三二、七一―七七頁。ちなみに、一八七三（明治六）年、この町の戸長に支給された額は三二円一二銭四毛であった。

（10）このサンプルは再婚者が含まれているはずであるから、この年齢差は初婚時のそれと同じではないであろう。ただ、配偶者の死によって結婚が中断される確率が下層のほうに高いとすれば、初婚時の年齢差の階層間における相違はもう少し大きかったかもしれない。

（11）農村の女子初婚年齢が二四歳をこえることはほとんどなかった（斎藤修『プロト工業化の時代』、一九八五年、表8-2、一九九頁を参照）。都市でも、長崎と高山と秩父の事例からみると、市内出生者のそれは農村の水準と大きく異なっていたとは思われない。友部、Sasakiおよび鬼頭、前掲論文（註3、5）による。

（12）たとえば、鬼頭、前掲書（註2）、二三―二四頁をみよ。

（13）横内村の数値は、速水融『近世農村の歴史人口学的研究』（一九七三年）、一七八頁による。秩父大宮郷については、鬼頭、前掲論文（註5）、一八三―八四頁、それに対応する農村の数値は、鬼頭、前掲書（註2）、一五一頁を参照。

（14）松本四郎『日本近世都市論』（一九八三年）、一七七頁。

（15）乾宏巳『なにわ大坂菊屋町』（一九七七年）、二一九、二二二頁より計算。

（16）これら五ヵ町は表3-1に登場する町と同じであるが、表3-1にあった他の二町、日本橋本石町二丁目と神田松田町は明治初年の戸籍にもとづいているので、生国記載がなく、表5-5から表5-7集計からは除かれている。

（17）『帰農人之儀ニ付評議仕候趣申上候書付』（寛政四年四月）。竹内誠「寛政-化政期江戸における諸階層の動向」（一九七二年）、三八九—九〇頁より引用。
(18) 斎藤修・友部謙一「江戸町人の結婚・出生行動分析」（一九八八年）による。
(19) 本書、第二章、五七頁を参照。
(20) 高橋美由紀「都市化する郡山上町」（一九九九年）、「近世在郷町の労働市場と労働移動」（二〇〇〇年）。
(21) 鷲崎俊太郎「近世末期絹織物業中心地の人口移動分析」（二〇〇一年）。

第六章

西欧の都市、日本の都市——比較史のコンテクストで

私は本書を、西欧の都市化パターンと日本のそれとの比較をすることから始めた。本格的な工業化と都市化に先立つ時代は都市化が停滞ないしは退行した時期であったという点で、西欧と日本とは共通の歴史的経験をしたわけであるが、そのような時代における都市社会内部で何が進行していたか——それを徳川から明治初年にかけての日本について明らかにするということがこれまでの章の主題であった。江戸と大阪とにみられたような労働市場と雇用制度における対極的な展開、そしてそれらの変化がもった対照的な人口学的効果ということが、暫定的な結論として示唆されたことであった。

本書はもともと、本格的な日欧比較都市論を意図したものではない。しかし、これまでのファインディングスのもつ意味と含意とを十分に理解するためには、他の文化圏で起こっていたことと比較をするのが有益であろう。そこで以下では、簡単な日欧比較を試みることにしたい。

1　前近代西欧の都市労働市場

近代以前の西欧諸都市においても、もっとも典型的な雇用形態はアプレンティス制度（apprenticeship）であった。これは通常〝徒弟制度〟と訳され、徒弟という言葉から手工業職人にかんする制度と考えられがちであるが、実際は、職人のみならず、純粋の商人においても同じようにみられた雇用形態であった。

通常七年間を親方（master）のもとに住込んですごし、その修業期間を経て雇職人ないしは遍歴職人（journeyman）となり、運と努力とによって親方になれるというのが、そのコースであった。都市の主要職種は仲間組合（guild あるいは company）に組織されていたが、それらの職業における雇用はこのようなかたちで制度化されていたのである。

このような職人とアプレンティスの都市人口にしめる割合はどのくらいだったのであろうか。職人だけについて考えても、その割合は時期と場所によって少なからず変化したようである。ジェームズ・ファーは、西欧八都市（ローマ、モンペリエ、ディジョン、クエンカ、フランクフルト、ネルトリンゲン、マドリッド、マインツ）の事例から、職人人口割合は二〇％台から八〇％近くまでとさまざまであったと述べている。もっとも、その分子は親方職人だけの場合が多く、分母も租税納入者、男子世帯主、租税納入男子世帯主等々と一様でないので都市間比較は難しいかもしれないが、十七世紀以前と十八世紀の数値が比べられる場合には、十七世紀以前のほうが必ず高い割合を示していた。親方職人以外の職人人口にかんするデータとなると、さらに少ない。親方職人と雇職人、親方職人と徒弟の比率も、時期と場所、そして職種によって大きく変化したらしい。たとえば、フランスのディジョンでは徒弟の割合は非常に小さかったのにたいし、ローマの場合は徒弟の比重が高く、一六二二年の記録では親方職人の二倍以上の数に達したという。全体としてみると、徒弟まで含めた職人人口が、近代以前の都市社会において無視できないウェイトをもっていたということは許されよう。[1]

とはいっても、都市における労働力がすべてアプレンティス制度のもとにあったわけではない。中世都市においてすら、ギルド規制に則らない内職的な家内手工業は存在しえたし、なによりも日雇労働者や雑多な職業のものが数多く集まっていた。それゆえ、このかぎりでいえば、西欧の前近代都市における労働市場も二重構造的であったといえよう。

このような中世都市のあり方は、十六、十七世紀を境に大きく変化する。ギルドの弱体化、アプレンティス制度の衰退といわれる現象がそれである。かつて英国の経済史家ジョージ・アンウィンは工業の発展段階と関連させて、「手工業クラフト制度あるいはギルド制度は都市経済と結びつき、家内工業制度あるいは問屋制度は国民経済と結びつき、工場制度は世界的経済と結びつく」[2]と定式化した。彼はロンドンのギルド（カンパニー）の研究にもとづき、ギルドから問屋制への転換点を十六—十七世紀に求めた。実際、ロジャー・フィンレイの仕事によれば、表6-1にみられるように、アプレンティスの総人口にしめる割合は一六〇〇年の一五％前後から一七〇〇年の四、五％へ

表6－1　ロンドンのアプレンティス人口と性比

	総人口（概数）	推定アプレンティス人口比率[1]
	千人	%
1600年	200	14-17
1700年	575	4-5
	死亡性比[2]	
1664-99年	107	
1700-49年	99	

資料：R. Finlay, *Population and metropolis*（1981），pp. 67, 142.
註　1）アプレンティス人口はフィンレイ自身の推計。パーセンテージは小数点以下を四捨五入してある。
2）死亡表（Bills of Mortality）の埋葬者集計値による。

と、大きく低下したと推測される。これは、ロンドン全体の人口膨脹のなかで生じたことであったが、その間、アプレンティス人口は絶対数においても減少したのである。

商人のアプレンティスや職人の徒弟数が減り、総人口は成長したとすれば、また、都市人口自体の再生産能力は一・〇を下回っていたとすれば、その間に膨大な数の非ギルド部門雇用の拡大があり、しかも、その相当部分が市外からの流入によってまかなわれたとみなければならない。ロンドンは、そして他の大都市も、徳川時代の江戸と同じく雑業者化の進行を経験したと思われる。

さらにまた、ピーター・クラークの論文によれば、一種の二重構造もまた生じつつあったようである。

「十六―十七世紀を通じて……アプレンティス制度は、都市社会への表街道から、幾多の油断ならない急カーブがある曲りくねった道へと変わってしまった。……と同時に、二重システム（two-tier system）の形成を示す徴候もみられた。主要な都市的トレード、すなわちある程度の発展を約束できる部門におけるアプレンティス制度は、富裕な階層出身の子供たちによってしめられることがますます多くなってきたのである。」

それに代わって新しく登場してきた制度や組織があった。それらのうち「もっとも重要」なのが、大衆酒場ないしは居酒屋（alehouse）である。十六―十七世紀は、この居酒屋の数が急増する時代でもあった。

「居酒屋は、十六―十七世紀を通じて都市にあふれていた貧しい新流入民が、必要とするものを手にいれるうえで、重要な役割を果した。安酒（主にビール）が売られるだけではなく、腹ペコの客には最低限の食事かスナック――パンとチーズ、あるいはパイ――が供された。親類縁者のいない労働者はそこに二、三日、ないしは二、三週間滞在し、部屋か長屋を見つけることができた。居酒屋はまた、仕事についての話がきける場所でもあり、時にはそこで職を決めてしまうことすらできた。(3)」

アプレンティス制度が特定の職種に、そして特定の階層に固定化してゆく傾向は、大阪の商家の世界で起こったこととパラレルであるように思われるし、また他方で居酒屋の簇生とその労働市場における役割は、江戸における口入渡世の繁栄を想起させる。

それだけではない。十六―十七世紀の雇用面でみられた変化は、性比の変化を伴っていたように思われる。わが国徳川時代の都市は男子過剰という通念があるように、西欧の近代以前の都市は女子過剰が一般的といわれている。しかし、商人のアプレンティスや職人の徒弟がまだ相当な比重をもっていたところではどうであろうか。彼らはほとんどの場合男子であったことを考えれば、アプレンティス制度衰退以前には、必ずしも女子過多ではなかった可能性もある。この点でも、ロンドンの事例は示唆的である。表6-1には、死亡時の性比がどのように変化したかも示してあるが、それによれば十七世紀の間は男子人口のほうが多かったのである。それが女子過多に変化するのはその世紀の末年であり、フィンレイはその主要な原因をアプレンティス制度の弛緩に求めている。そして、はっきりとした証拠はえられないがと断りながらも、結婚市場と出生力への影響――ただし江戸について想定されるのとは方向が逆であるが――があったはずだと指摘しているのである(4)。

2　西欧の都市〝奉公人〟とそのゆくえ

このようにみてくると、近世の西欧においても徳川日本においてみられたのと類似の変化が、都市内部で起きていたように思える。しかし、そのような結論をだすのは尚早である。その前に、アプレンティスも含めた奉公人人口とその変化について、もう少し丁寧にみておかなければならない。

表6-2は、第三章の表3-1、表3-3と同じ趣旨で、西欧三ヵ国の都市における奉公人の存在についてみると同時に、日本の江戸と大阪の数値と比較している。これと同様の表はすでにピーター・ラスレットによって作成されているが、それは都市・農村の区別をとくに意識せずに、西欧と他地域、とくに東欧との比較を目的としているという意味で、本表とは若干異なる。[5]また本表は、知りうるかぎりすべての都市について数値を掲げているわけではない。あくまでも以下の議論の展開に必要なかぎりにおいて、選択されたものである。[6]

西欧、とくに北西ヨーロッパ社会においてアプレンティス・奉公人人口は、都市・農村を問わず〝ライフサイクルの一環〟として奉公に出るという意味で無視しえぬ比重をもっていた。[7]他方、歴史的趨勢としてみれば、その総人口にしめる割合は、イングランドにおいてもフランスにおいても、中世から近世初頭の水準がもっとも高く、十七世紀末以降低下する方向に向かっていたことがわかる。

イングランドのコヴェントリィ、フランスのランスは中世都市の状況を示してくれる数少ない事例であるが、それによれば奉公人をおいている世帯は全体の四、五〇%程度、総人口にしめる奉公人の割合は二〇%台であった。また十七世紀のロンドンとノリッジ市中の一部地区については、二つの中世都市の水準よりも高い値がでている。ところが十八世紀の事例は、奉公人人口比率が一〇%ラインを大きくこえることがなかったことを示しており、また一八五一年国勢調査によれば、イングランドの（ロンドンを除く）全都市についてえられるその比率は三%になっていた。

表6－2　奉公人人口の比較：西欧と日本

都　市	奉公人雇用世帯比率	奉公人人口比率
西　欧	%	%
イングランド：		
(1)コヴェントリィ，1523年	39.4	24.8
(2)ロンドン（9教区），17世紀末	66	27
(3)ノリッジ（1教区），1694年	58	約30
(4)ケンブリッジ・グループ・サンプル（主に農村であるが，都市も含む）		
1650-1749年	—	13.8
1750-1821年	—	10.7
(5)国勢調査，1851年		
農　村	—	7.1
都　市（ロンドンを除く）	—	3.1
フランス：		
(6)ランス（2教区），1422年	46および49	22および24
(7)トゥールーズ，1695年	31.5	—
(8)エクサン・プロヴァンス，1695年	—	8
1755/56年	—	13
(9)ルーアン，1770年代	—	8.2
(10)トゥール，1770年代	—	11.6
ベルギー；		
(11)アンヴェルス，1755年	—	8.8
(12)ブリュッセル，1755年	—	10.6
(13)ルーヴァン，1755年	—	9.6
日　本		
(14)江戸，1860年代	3.6	1.8
(15)大阪，1689年	—	17.6
1860年代	61.7	34.3

資料：(1)(6)　C. Physian-Adams, *Desolation of a city* (1979), p.204.

(2)(3)　P. ラスレット『われら失いし世界』(1983/86年)，402-03頁。

(4)(5)　R. Wall, 'The household' (1983), p. 498.

(7)　C. Fairchilds, *Domestic enemies* (1984), p. 7.

(8)　S. C. Maza, *Servants and masters in eighteenth-century France* (1983), pp. 27-28.

(9)(10)　P. Laslett, *Family life and illicit love in earlier generations* (1977), p. 32.

(11)(12)(13)　R. Mols, *Introduction a la dêmographie historique des villes d' Europe du XIVe au XVIIIe siècle,* tome 3 (1956), pp. 198-99.

(14)　本書，第三章，表3－1，72-73頁；日本橋本石町二丁目を除く6ヵ町の平均。

(15)　同上，表3－1，3－3，72-73，81頁；1689年は三郷全体；1860年代は（天王寺を除く）10ヵ町の平均。

このような低下傾向を確定した事実として受けいれるには、もちろんいろいろ問題が残っている。表6-2に示されたコヴェントリィやランス、あるいはロンドンの九教区やノリッジの一教区がどこまでその時代を代表しうるか、議論の余地がある。(8)さらに、フランスのエクサン・プロヴァンスでは、十七世紀末から十八世紀中葉にかけて、逆に比率が上昇するということもみられている。

また、他の重要な問題は、奉公人人口のなかみである。たとえばピーター・ラスレットは、イングランドを念頭におきつつ、アプレンティスや住込の雇職人もしばしば〝奉公人〟という言葉で一括されたと述べているが、アンシアン・レジーム下のフランスの場合、住込の織布女工は〝奉公人〟のカテゴリーに入ることはあっても、職人の徒弟は通常別扱いだったという。(9)けれども、これらとも関連し、かつそれら以上に重要な問題は、どの市民層あるいは職種にどのようなタイプの奉公人が雇用されていたかである。第二次文献によるかぎり、いまのところこの点を完全なかたちで示してくれる資料はないのであるが、十六世紀のコヴェントリィと十七世紀末ドイツのミュンスターの事例を手がかりにみてみよう（表6-3）。

両者とも通常の奉公人だけではなく、アプレンティスをも含んでいるという点では共通している。そしてそれだからこそ選ばれたのであるが、対応は残念ながら完全ではない。まずなによりも、同じ指標について両都市の比較ができず、また階層によっては両都市でそのなかみにズレがある場合もあるかもしれない。それでも、しかし、大まかな傾向を知ることはできる。ここではアプレンティスと家事使用人の区別をすることができないので、男女の差に注目しよう。

表6－3　職業別の“奉公人”雇用：16世紀のコヴェントリィと17世紀末のミュンスター

職　業	コヴェントリィ(1523年)		ミュンスター(1685年)	
	奉公人雇用世帯比率	男子奉公人雇用世帯比率	奉公人の割合 男子	女子
	%	%	%	%
(1)専門職，自由業	47.8	8.7	9	20
(2)公吏	61.9	33.3	2	11
(3)商業	90.0	56.7	4	19
(4)金属加工	54.5	30.9	15	4
(5)木製品	47.8	17.4	20	3
(6)皮革	56.7	40.0	17	8
(7)繊維	60.8	37.1	15	6
(8)衣料	56.3	35.6	16	2
(9)食品	71.8	32.9	10	17
(10)建設	23.7	7.9	10	4

資料：C. Physian-Adams, *op. cit.*（表6－2註），p. 208；Mols, *op. cit.*（表6－2註），p. 202.

註　各職業に対応する英語，フランス語は次のとおり；

(1)　“professional”-“professions libérales”；
(2)　“officials”-“employés, fonctionnaires”；
(3)　“merchants”-“commerce, transports”；
(4)　“metal”-“travail des métaux”；
(5)　“wood”-“travail du bois”
(6)　“leather”-“travail du cuir”
(7)　“textiles”-“textile”
(8)　“clothing”-“habillement”；
(9)　“victuallers”-“alimentation”；
(10)　“building”-“construction”.

なお，両市の場合とも，本表はすべての職業をカバーしているわけではない。コヴェントリィにかんしては “others”, “female-headed households”, “rest of city” が，ミュンスターについては “production primaire”, “autres fabrications”, “journaliers”, “pauvres, mendiants” が省かれている。

両都市に共通していえることは次の二点である。第一に、女子奉公人を他階層と比較して多く雇用していたのは、専門職、すなわち医師などの自由業的専門職であった。コヴェントリィの場合、この階層に属する世帯のうち約半数が奉公人をおいていたが、男子の奉公人を雇っていたのは一〇%にも満たなかったし、ミュンスターで世帯人員当り女子奉公人をもっとも多く雇用していたのも、この階層であった。ここに属する世帯はいずれも富裕であったと思われるので、これは、豊かさと家事使用人需要との関係を反映しているといえよう。

第二は、男子奉公人を多くおいていたのは職人の世帯だということである。コヴェントリィの木製品製造とミュンスターの食品業とを例外として、他の職人的職種ではすべて相当数の男子が雇用されている。この場合、〝奉公人〟の多くはいうまでもなく徒弟であったと思われる。もっともコヴェントリィにかんしては、市全体の奉公人数について内訳がわかる。それによれば、狭義の男子奉公人（men servants）と小僧（lads）とは広義の奉公人総数の三一・三%、女子奉公人（women servants）とメイド（maids）が六四・九%であるのにたいし、アプレンティス三・〇%、住込の雇職人〇・八%にすぎなかったのであるが、実際は、アプレンティスと雇職人とは特定の区に集中しており、その区では逆に狭義の男子奉公人が無視しうるほどの数しかいなかったので、職人世帯の男子〝奉公人〟の大部分が徒弟であったことは間違いないところであろう(10)。

最後に、これは両都市の間でみられる主要な相違のひとつであるが、商人層に注目したい。コヴェントリィの商人は九割の世帯が奉公人をおいていたので、女子奉公人にかんするかぎりミュンスターと同じく家事使用人の大口需要者であったことは疑いないが、男子については両都市の差が顕著である。すなわち、コヴェントリィの商人は男子奉公人雇用世帯比率が最高の職種であったのにたいして、ミュンスターの商人は男子奉公人の割合が最低の部類に属していた。この違いが何によるのかは明らかではない。両都市がよってたっていた経済基盤の差なのか、それとも商業取引規模が大きく異なっていたからなのか、すなわち大規模な取引をする問屋と小売商人の割合が両都市で異なっていたからなのか、判然としない。あるいはまた、両都市の違いというよりも、イングランドとドイツとの間の相違と考えるべきかもしれないし、この一世紀半の間に起こった変化の反映なのかもしれない。

もし両都市間にみられる相違を時間的変化として読むことが許されるならば、表6-3は二つのことを示唆していることになる。第一は、アプレンティス制度の衰退という現象はまず商人層において生じたということ、そして第二に、職人層の場合、この制度は予想以上に根強く存続したのではないかということである。この仮説は、あるいはコヴェントリィとミュンスターの比較論としては間違っているかもしれない(11)。しかし他方で、それは個別都市比較論とは切り離して検討する価値がありそうな仮説である。

この点で、イングランドのアプレンティス制度衰退にかんするキース・スネルの論稿は、大変に興味深い事実を教えてくれる。

すでにみたようにロンドンでは、十七世紀後半にアプレンティス制度弛緩が起こった。そして、アンウィンに代表されるような古典的な時代区分も、このロンドンにおける変容のクロノロジィに多くを依存していた。しかしスネルは、ロンドンの事例がどこまで一般化できるか疑問だと考える。また、マイクル・ウォーカーの未発表論文によりながら、業種によって制度変容の様相と時期とは相当に異なっていたという。

彼が依拠するのは、主としてイングランド南部の、一七〇〇から一八四〇年にわたる職人徒弟六八二例の奉公期間にかんする時系列データである。それによれば、十八世紀中頃まではサンプルから計算される平均奉公期間は六年半であって、ほぼ規定どおりの制度運用がみられた。その後一八七〇年代に向かって若干の期間短縮がみられ、一七八〇年以降に急激な変化が生じたという。彼のサンプルは、主に地方都市の職人層にかんするものであって、ロンドンのギルドや、呉服商《ドレイパー》や絹物商《マーサー》といった問屋的な商人をまったく含まない。すなわちロンドン以外の都市では、そして多くの職人的職業においては、アプレンティス制度の衰退ははるかに遅く十八世紀末、産業革命と時を同じくして起こったことだったのである（帽子製造職人や桶工の場合、伝統的制度がそのまま存続していった可能性すらあるという）。これにたいして問屋的商人の場合はどうであったか。この点で彼は、ウォーカーの、一六九〇—一七二〇年頃に他の職種に先がけて衰退が始まったという見解を紹介し、代わって数多くのアプレンティスを（七年間の修業を積ませるのではなく）たんなる年少労働力として雇用する傾向もみられるようになったことを付け加えている。実際ヴィクトリア朝には、取引規模の大規模化の結果、二、三〇人もの店員（shop assistants）を住込ませるような呉

服商も登場したのである。(12)

3　比較(1)　雇用

以上の事実を念頭において、もう一度表6-2をみてみよう。西欧においてもいちおう都市奉公人人口比率の低下が示唆された。しかしその趨勢は、なによりも問屋ないしは大商人のもとにおけるアプレンティス制度の崩壊によってリードされていたこと、そして他方、比率の減少がそれほど劇的ではなかったのは、おそらく職人層における徒弟制の根強さと、一方では富裕市民層の家事使用人需要の増大ということと関係があったであろうことを、確認しておこう。

ここで日本における趨勢と比較をする。徳川期後半を通してみられたひとつの基本的趨勢は商家奉公人雇用の内部化ということであったが、それは、十七世紀末における奉公人人口比率一七、八%から幕末の三四%への上昇という、大阪でみられた変化に表われている。これにたいしてもうひとつの変化、すなわち雑業者化は、やはり二〇%前後であったと思われる水準から幕末の一・八%へという江戸の数値に反映している。この幕末江戸の値は、産業革命が終ったイングランドの都市の水準よりもさらに低く、徳川期に起こった雑業者化の動きが西欧におけるよりも徹底したものであったことを示唆している。そしてその背景には――西欧の経験との対比でいえば――わが国における職人の徒弟制的伝統がそれほど強くなかったこと、家事使用人すら短期契約化させる方向に向かっていたということがあったのである。

他方、商家の世界でみられた内部労働市場化の動きは、かなりの程度わが国独自の現象であった。奉公人の、とりわけ男子奉公人の対人口比率が長期的に上昇するということは西欧においてはまったくみられなかったし、またその到達した水準が三〇%以上というのも、同時代の西欧都市では考えられないことであった。もちろん中世のコヴェントリィの例にみられるように、商人は男子奉公人を平均以上に雇用する傾向があったし、また商業取引の拡大に伴い住込労働力雇用を拡大するということもみられた。しかしそれが、奉公期間の長期化ということを伴うことはまったくなく、それどころか問屋商人はアプレンティス制度をもっとも早く形骸化させていった業種だったのである。

4　比較(2)　婚姻出生力

すでに第二章でみたように、西欧において——イングランドを別とすれば——プロト工業化の時代における都市化の低迷は明白な事実であり、その大部分が移動の流れの変化によって生じたということもおそらく疑いないところであろう。しかし、そのすべてが移動によって説明されるのであろうか。都市人口の側にも何か原因はなかったのであろうか。あるいは、何か変化の兆しがみられるということはなかったのであろうか。とくに、出生率についてはどうか。その点には何も変化がみられなかったのであろうか。そこで、従来の前近代都市人口モデルへの最初の批判となったアラ

ン・シャーリンの議論をまずみておこう。(13)

彼は、都市人口を安定的常住者と一時的滞留者とに区分して考える。前者は大商人や職人親方からなる、都市社会の中層から上層を構成する市民なので、彼らの家族にかんするかぎり死亡が出生を上回るという事態は考えられないであろう。これにたいして後者の大部分は徒弟や奉公人であり、市民として結婚し、定着し、家族を育てるというチャンスがほとんど閉ざされていた人びとである。そこで都市下層では、出生が死亡を大幅に下回ることになる。とすれば、都市人口の自然増加率がマイナスであったのは出生率の水準が低かったからであり、農村との間に著しい差がみられたのは——死亡率ではなく——出生率であったということになる。

この議論のうち、都市-農村間に死亡率上の格差はなかったという点はもはや成りたたないが、(14)従来ややもすると等閑視される嫌いのあった出生率サイドの問題、とくに社会階層・職業構造との関連にわれわれの眼を向けさせた点は、大いに評価されなければならないであろう。しかし、それはシャーリンの出生率にかんする議論が正しいということを必ずしも意味しない。そこで、問題を婚姻出生力と結婚性向という、出生率を決定する二つの要因に分けて考えてゆくことにしたい。

上層市民の夫婦がかなりの婚姻出生力をもっていたということは、十分に考えられることである。実際、英国の都市における出生力にかんしては、クェーカー教徒の記録を使ったリチャード・ヴァンとデイヴィッド・エヴァスリィの研究があり、それによれば、中産階級である彼らの出生力は農村の平均を上回っていた。

ヴァンとエヴァスリィの家族復元結果によると、ブリストルとノリッジおよびロンドンという当時の大都市に住んでいたクェーカー教徒の合計特殊婚姻出生率（二〇歳で結婚し、四四歳まで出産可能期間が続いたと仮定して計算された女性当りの出生数）は、十七世紀後半が八・一二、十八世紀前半七・六一、十八世紀後半八・八九、十九世紀前半九・七四であった。十八世紀末までの平均をとったとしても八・二である。このクェーカーの出生力水準値と比較可能な農村の数値として、ケンブリッジ・グループの二六教区をプールした家族復元から得られる合計特殊婚姻出生率がある。サンプルのなかには市場町も含まれるが、ブリストル、ノリッジ、ロンドンに匹敵する都市はまったくなく、大部分は農村教区であるので、全国農村の代表として考えてよい。また、出産可能期間を四九歳までとしているという違いはあるが、四〇歳代後半の出生率は低いので、比較に困るということはないであろう。一六〇〇年から一八二四年までをとったとき、二六教区における合計特殊婚姻出生率の平均は七・四四であった。都市の中産階級の出生数は、明らかに農村よりも約一人多かったのである。[15]

しかし、それ以前の研究史で近代以前における都市ブルジョワジィについての歴史人口学的議論の的となったのは、むしろその人為的制限と、その結果としての出生力低下傾向とであった。すでに歴史人口学の古典となった一九五〇年代中頃の研究において、ルイ・アンリは、いわゆる人口転換以前のジュネーヴ市民が出生制限を始めていたことを明らかにした。さらに、フランス語圏の二人の歴史人口学者、ジャン＝ピエール・バルデとアルフレート・ペルヌゥの論文によって新たにルーアンの事例が追加され、二つの都市において共通にみられた変化の背後にある要因にまで分析が加えられることとなった(16)。

図6-1のパネルAは、ペルヌゥの論文によってジュネーヴにおける出生力低下の軌跡を示す。十七世紀第3四半期を転換点として、市民の、とりわけ市内出生者の婚姻出生力が大幅な低下を始め、夫婦一組当り七人であった出生数は十九世紀初頭には三人未満にまでなった。一見したところこれは、結婚年齢の上昇によるものと考えられる（パネルB）。しかし、結婚年齢が三歳程度の上

図6-1　ジュネーヴ市民の出生力と結婚年齢，1625–1810年

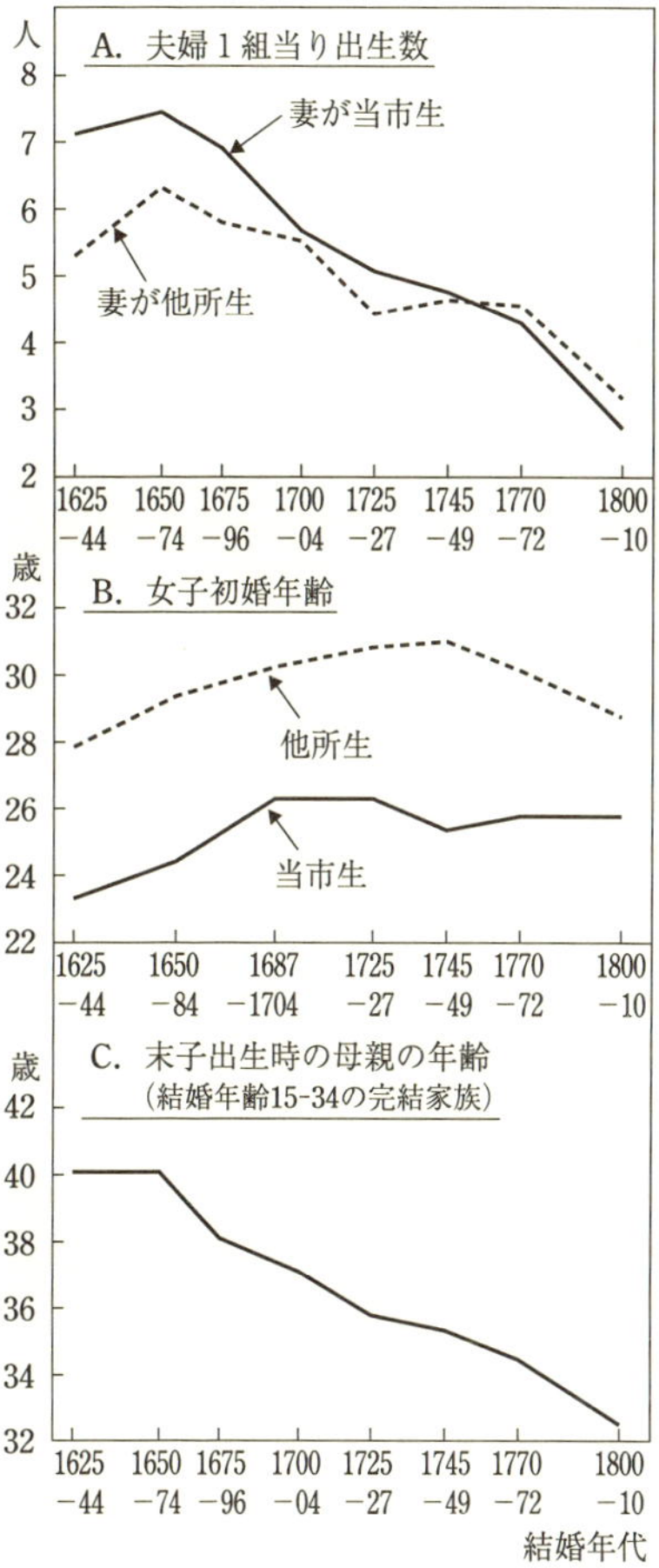

資料：Perrenoud, ‘De Rouen à Genève’ (1986), pp. 156, 165, 167.

昇をしただけでは五人もの出生を抑制することはできないし、またその上昇は十七世紀中に生じたことであって、十八世紀にはみられなくなっている。したがって、婚姻出生力のドラスティックな減少は、意識的な出生制限、とくに第三子以下の出生抑制によってもたらされたものと思われる。そしてその点は、パネルCにおける末子出生時の母親の年齢が、パネルAに示された出生力の曲線と歩調を合わせて低下している事実からも推測できよう。このような動きは上層市民の家族ほど早く始まり、次第に下の階層へ、そして――図6-1パネルAに示された他所出生者のグラフからも推測されるように――流入人口グループ、さらにはそこを通じて近隣の農村へと波及していった。

ほぼ同様の変化は、バルデによるルーアンの研究によっても確かめられている。それでは、何故に上層市民は意識的な出生制限を始めたのであろうか。ペルヌゥもバルデもともに、その背後には、新生児を農村へ里子に出す慣行（mise en nourrice, 英語では wet-nursing）があったと考える。

彼らは次のように議論する。生れたばかりの子を里子に出すということは、都市における母親の授乳期間を大幅に縮小させ、したがって妊娠頻度を高め、出生間隔を短く、婚姻出生力を高くさせる効果をもった。そのような出生数の増加にたいしてまずとられた対応は結婚を遅くするということであったが、しかしそれだけでは婚姻出生力の上昇を抑えきれなかったため、十七世紀末以降ついに人為的な出生制限が行われるようになったのだ、と。このような推論が成立するためには、この慣行が最上層だけではなく、市民のかなりの部分に浸透していたという事実がなければならないが、実際、バルデは十八世紀後半における病院の記録から、上層家族の新生児の場合七一％が、労働者家族でさえ四一％が農村の里親のもとへやられていたことを明らかにしているのである。

もちろん、この里子慣行でもって、この時期の都市化低迷現象のすべてを説明できるとはいえない。フランス語圏あるいはカトリック圏の外においては、この慣行がこれほど広汎に行われていた地域はなかったからである。けれども、これら都市ブルジョワジィが近代の出生力転換の先駆者的存在であったこと、その開始のタイミングがプロト工業化と都市化停滞の時期に一致していたということの意味は、決して軽視できないように思われる。

ところで、これと類似した動きは日本においてもあったのであろうか。残念なことに、徳川時代の江戸や大阪における婚姻出生力の水準やその変化を知ることは現在のところできないので、ジュネーヴやルーアンとの比較を直接行うことはできない。しかし、もともとアラン・シャーリンの定説批判においては、都市への人口流入の事実こそが有配偶率を低め、結婚年齢を押し上げ、結局出生率水準を引き下げる要因と考えられていた。そこで、出身別、階層別の初婚年齢にかんして西欧との比較を試みる。

表6-4をみよう。西欧のうちジュネーヴとアムステルダムが北西ヨーロッパ、スペインのクエンカが地中海地域に属する。市内出生者に限定して、ジュネーヴとアムステルダムと日本の諸都市を比べると、男女とも比較的晩婚という北西ヨーロッパ型結婚と、男子は北西ヨーロッパなみに晩婚であるが女子は相対的に早婚という日本型の対比が明瞭である。他方、クエンカの結婚年齢はどちらかというと日本型に近く、地中海型と呼べる結婚パターンが存在していたことをうかがわせる。

表6-4　都市における初婚年齢：西欧と日本の比較

都市	男子	女子
西欧	歳	歳
(1) ジュネーヴ，1625-1810年		
上層：市内出生者	—	23.2
下層：市内出生者	—	26.4
流入者	—	30.5
(2) クエンカ，1680-1800年		
市内出生者	25.5	22.5
流入者	24.6	24.0
(3) アムステルダム，1796年		
夫婦とも市内出生者	26.0	24.5
夫婦とも流入者	30.5	28.4
日本		
(4) 高山，1773-1871年		
市内出生者	—	20.6
流入者	—	25.3
(5) 秩父大宮郷，1764-1848年		
夫婦とも市内出生者	25.3	20.6
(6) 大阪，1801-1848年		
鴻池手代	37.0	(26.3)

資料：(1) A. Perrenoud, 'De Rouen à Genèva' (1986), p. 156.
(2) D. S. Reher, *Town and country in pre-industrial Spain* (1990), p. 82.
(3) H. A. Diederik's workings quoted in de Vries, *op.cit.* p. 191.
(4) Y. Sasaki, 'Urban migration and fertility in Tokugawa Japan' (1985), p. 149.
(5) 鬼頭宏「近世後期地方都市の人口再生産力」(1985年)，178頁。
(6) 本書，第四章，表4-2，および第五章，表5-4による。手代の初婚年齢は別宅年齢に等しいと仮定し，北浜二丁目の事例から得られる平均夫婦年齢差を利用して女子の初婚年齢を推計した。

いずれにせよ、北西ヨーロッパ型とか日本型という特徴づけは主として農村のサンプルから得られたものであるから、このことは都市の結婚年齢水準が、市外からの流入者でないかぎり、農村におけるレベルと大差なかったことを意味していよう。それは西欧においても日本においても同様であった。

表6-4からわかる第二の点は、西欧においても日本においても、市内出生者と比べて流入者の結婚年齢が高かったという事実である。もっとも、この言明は女子に典型的に当てはまることで、クエンカの男子の場合は逆に流入者の結婚年齢のほうが僅かに低くなっている。これが、衰退都市クエンカに特殊な例外的現象であったのかどうかは判然としないが、そのクエンカでも女子の流入者の平均結婚年齢は、明白に市内出生者のそれよりも高かった。すなわち、都市における低い結婚性向、低い有配偶率は、流入人口の多さという事実の反映にほかならなかったのである。

これにたいして、最下行に示された大阪の大店・鴻池家の手代の場合は特異である。彼らのように〝上層市民〟に属するものの結婚年齢が他の階層よりも高いというのも特異であるが、その平均値三七歳という値は、アムステルダムにおける市外からの流入者の結婚年齢よりもはるかに高い。これは、徳川時代の商家奉公人制度が手代にたいして、結婚と家族形成という点でいかに大きな犠牲を強いたかを示している。彼らはその代償として、自分より相当に若い妻と結婚する傾向があった。彼らの夫婦年齢差一〇・七歳は、表中の他のどの事例よりも大きい。しかしそれにもかかわらず、彼らは狭い商家サークル内で配偶者を選択しようとする傾向があったため（後掲の表6-5における北浜二丁目の数値を参照)、そしておそらくまた、あまりにも大きい年齢差には心理的抵抗感もあったであろうため、彼らの花嫁の結婚年齢も決して低くはなかった。ジュネーヴやアムステルダムにおける市外からの流入者の場合よりは若干低いものの、日本の高山のケースよりは高い。彼女らは社会的・経済的には上層市民に属しながら、結婚年齢の点では流入者なみに高かったのである。その結果——前章ですでにみたように——これら商家人口グループの出生力は、相当に低い水準にまで低下していたものと思われる。

これは、上層市民という安定的な人口グループが出生力を低下させはじめたという意味において、西欧のジュネーヴやルーアンにおいて観察された変化とパラレルな現象といえる。いうまでもなく、フランス語圏の都市ブルジョワジィは意図的な出生制限を始めたのであったが、大阪の通い番頭家族の場合はそうではない。彼らにとって婚姻出生力の低下は、意図せざる結果であったといってよいであろう。しかし、動機と意識の問題は別として、都市社会の階層構成と出生力の関係、および都市化停滞期という時代状況からみて、二つの異なった文化圏におけるある種の類似性は、否定しえない、また興味深い併行現象であるといってよいであろう。

5　比較(3)　結婚市場と家族形成

表6-4が示していた、市内出生者と市外からの流入者の間で観察された初婚年齢の水準にみら

れる相違は、結婚市場の問題と関連する。後者のグループにかんする結婚市場は、人口流入量の変動とその性別構成の変化とによってほぼ完全に決定される。この角度から、すなわちアラン・シャーリンの都市蟻地獄説批判と同じく人口移動と都市出生力の関連に注目しながら、シャーリンとはまったく異なった結論を導き出すことによって定説にチャレンジしたのが、アド・ヴァン・デル・ヴァウデである。

彼は一九八二年の論文において、十七世紀アムステルダムの事例によりつつ、経済活動の長期波動に応じた移動人口の変化とその性別構成の変化とが都市人口の性比と結婚市場に影響を与え、結婚年齢の変化と出生率の変化とが生ずるということがあったはずだという。そして、十九世紀前半になって多くの都市において死亡過剰から出生過剰へと転じた背景には、死亡率の低下ということがあったかもしれないが、それよりは、十七世紀にアムステルダムにおいてみられたのと同様のメカニズムが作動していたに違いないと主張する。(17)

このヴァン・デル・ヴァウデの議論を全面的に支持するデータと研究は、まだでていない。しかし、すでに本章の初めに紹介したロジャー・フィンレイの、十七世紀ロンドンにかんする発見事実とその解釈、すなわちアプレンティス制度の弛緩が流入人口の性比に影響を与え、その性比の変化が都市の出生率水準に影響したということは、ヴァン・デル・ヴァウデの想定と整合的である。また十九世紀になってのスペインにかんしてであるが、職業構成によって都市を分類した場合、性比が著しくアンバランスとなるサービス都市と駐屯都市において既婚率指標が低く、工業都市ではそれほど低くないという事実が指摘されている(18)。

これらよりもさらに一歩踏みこんで、ヴァン・デル・ヴァウデの仮説の検討を行ったのが、十六—十七世紀イングランドのヨークにかんするクリス・ギャリィの著書である。ここでは、近世都市の人口学における結婚の役割にかんして彼の提出したエヴィデンスと議論を紹介しよう(19)。

十六—十七世紀のヨークは人口規模からいって、イングランド第四位の都市であった。人口数は、商業の回復と市の行政機能の拡大に伴って十六世紀中に約八千人から一万二千人へと増加したが、十七世紀にはいるとその水準で停滞した。目だった商業的な繁栄をみないまま十八世紀には若干人口減少を記録し、全国順位も低下したようである。このような人口変化の時期区分は、市内の教区簿冊から得られる洗礼数と埋葬数の動きからも確かめられる。十六世紀後半が人口の自然増の時代であったのにたいし、十七世紀後半になると自然減に転じたのである。ギャリィは丹念な分析から、死亡率の面では、一七五〇年まで大きな変化はみられなかったという。十六世紀から十七世紀にかけて乳児および幼児死亡率の上昇があったが、一七五〇年以降の変化幅に比べると大きくなく、またその水準は、農村や市場町の水準と比較して明瞭に高かったが、いっそう人口稠密であったロンドンよりは低位であった。都市が高死亡率によって特徴づけられるという点では、ヨークもまた例外ではなかったのである。

とすれば、ヨークの人口増減は何によってもたらされたのであろうか。とくに自然増を記録した十六世紀後半の人口増加の原因はどこにあったのであろう。その最大の要因が流入人口の動向であ

表6－5　都市における配偶者選択指標：西欧と日本の比較

都市	夫婦とも市内出生者の割合	夫婦とも流入者の割合
西欧	%	%
(1)　ジュネーヴ，1625-1811年	47	22
(2)　アムステルダム，1796年	38	29
(3)　クエンカ，1844年	22	39
(4)　ストックホルム，1860年代		
全サンプル	9	6 6
不熟練労働者	2	82
日本		
(5)　大阪，1872年		
北浜二丁目，上層	73.3	0
(6)　江戸5ヵ町，1860年代		
全サンプル	44.6	26.3
店借層	46.4	31.1
うち渋谷3ヵ町の店借層	52.9	34.7

資料：(1)　A. Perrenoud, ‘Croissance ou déclin?’ (1982), p. 585.
(2)　H. A. Diederik’s workings quoted in de Vries, *op.cit.* p. 191.
(3)　Reher, *op. cit.* pp.272-3.
(4)　M. Matović, ‘Migration, family formation, and choice of marriage partners in Stockholm’ (1990), p. 233.
(5)　本書，第五章，表5－3；サンプル・サイズは15。「上層」とは，大店の戸主と通い番頭の夫婦をいう。なお，ここでの地理区分は他の事例と異なり，大店のネットワーク内（大阪三郷の他，京都および近江・伊勢を含む）かそれ以外か，という分け方によっている。
(6)　同，表5－5，表5－6，表5－7による。

ったことは疑いないが、著者は、人口流入の変化が結婚に与えた影響も無視できないという。実際、女子の初婚年齢の長期的動向について、十七世紀は十八世紀後半より低く、十六世紀は十七世紀よりもさらに低いと主張する研究がすでに存する。ギャリィは、その計算方法に疑問が残るので決定的な証拠とすることはできないが、十六世紀後半の市内における結婚年齢が低かった可能性は否定できないと考える。とくに、再婚も含んだ結婚全体をみると、人口流入が活発であった時期に結婚件数が増加し、したがって結婚率が上昇して、それが高水準の出生率となった可能性が高いというのである。実際、結婚した女性の状態ないしは身分がわかる記録をみると、奉公人（彼女たちの大部分は外部からの流入者である）が圧倒的に多く、ついで寡婦（彼女たちの何割かは流入者であったと思われる）、たんに daughter と記された未婚者の数はそれより少なかったのである。残念ながら、そのサンプル・サイズが非常に小さいため、時期別の考察をすることができない。しかし私たちは、ヨークにかんするかぎり、著者の推論を否定することはできないように思われる。

このようにまだ事実の積重ねは十分ではないが、しかし、都市の職業構成と労働市場のあり方が結婚市場に影響を及ぼすという因果関連を無視することはできない。

ところで、徳川日本の江戸における年季奉公人制度の弛緩と雑業者化の動きは、西欧の都市におけるそれよりははるかに急速で、ドラスティックであった。その意味で日本の経験は、都市雇用構造の変貌がどのような人口学的インパクトをもったかを検討するうえで恰好の材料を提供しているといえよう。

そこで雑業者化の効果を考えよう。前章で示唆されたことは、十八世紀末から十九世紀の江戸でみられた雑業者化と住込奉公人制度からの解放は、結婚への障害の消滅を意味しており、流入人口の性比が急速にバランスする方向に向かっていたことと相俟って、都市へ流入してきた下層民の定着と家族形成を促したというものであった。

江戸にかんしては、結婚年齢が直接わかる資料は残されていないし、それを間接的にであれ示唆するデータも少ない。そこで、配偶者選択からみた結婚市場の問題をやや詳しく検討することにより、家族形成の実態を知る手がかりとする。表6-5は、夫婦とも市内出生者の場合と夫婦とも市外からの流入者の場合を対比させてみている。そこには幕末江戸五ヵ町の数値が示されているが、夫婦全サンプルのうち、流入者同士の結婚は四分の一強、江戸出生者同士が半数弱であった。これらの数値は、ロンドンやパリと比較すると都市化という点で後れをとっていた十七—十八世紀のジュネーヴや十八世紀末のアムステルダムのパーセンテージに近似しており、純流入率が二〇%近く、本格的な都市化が始まっていた十九世紀のストックホルムの場合とは際立った差があった。

それだけではない。江戸社会の下層を構成していた店借世帯のみを取出してみると、予想されるとおり、農村出身者同士の組合せは多くなるが、他方、市内出生者同士の組合せも減っていない。さらに、五ヵ町のうち場末で雑業者比率が非常に高かった渋谷三ヵ町についてみると、そこの店借夫婦のうち半数以上は江戸生れのもの同士であった。江戸の町は独身の流入者にたいして、結婚をし、「所帯持」として定着する機会を提供していたといえよう。

「江戸ハ諸国ノ掃溜」というイメージは、幕末にはもはやそぐわないものとなっていた。それだけではなく、前近代社会の国際比較という観点からみてもまったく不適当であったのである。江戸の経験はアラン・シャーリンの想定とは合致しない。むしろヴァン・デル・ウァウデの議論に、より適合的であるといえる。すなわち、雇用構造変化の家族形成促進効果は、かえってわが国の場合に明瞭なかたちで観察されたということができよう。

6　類似点と相違点と

以上、都市労働市場の側面と人口学的側面との双方について、前近代の西欧と日本との比較を試みた。もとよりそれは、本格的な比較史ではなく、そのための予備的作業の域をでない。したがって、あまり強い結論を出すことはまだ差し控えなければならないであろう。ここでは、将来の本格的な比較研究のために若干の問題点整理をしておくにとどめたい。

　すでにみたように、西欧も日本も、産業革命に先だつプロト工業化の時代に、都市化の全般的な停滞ないしは退行があったという点で共通していた。しかしそれだけではなく、都市内部で起こったことにも類似現象があった。比較的少数の人口グループではあったが、上層市民の家族における出生力減退が——近代の出生力転換よりはるか以前に——始まっていたという点、他方、都市労働市場における雑業者化ないしは臨時雇用化の進行と、それによる都市結婚市場への影響、さらには出生力への（潜在的な）正の効果、これらもまた西欧と日本においてみられた類似点であった。

　しかし、重要な点で相違もみられた。都市商業の発展と問屋商人の営業規模の拡大に伴って、わが国ではアプレンティス制度の拡張と内部労働市場化が進んだのにたいし、西欧の都市商人は逆によりいっそう外部労働市場への依存を高め、アプレンティス制度崩壊のリード役となったように思われる。そのため、わが国の商家の世界では、アプレンティス制度拡張の直接的効果として結婚年齢の上昇と出生力の低下が生じたのにたいし、西欧の都市ブルジョワジィにかんしては――出生力の低下がみられた場合でも――雇用の問題とはまったく別個に、意図的な産児制限というかたちをとったのである。

他方、西欧におけるアプレンティス制度は職人の場合において強固に残存し、職業訓練と労働市場の調整機関としての機能を予想以上に長期間にわたって果し続けた。もちろんそれは、西欧の職人的業種において内部労働市場形成への動きがあったということを意味するわけではない。しかし、西欧の職人ギルドがカヴァーする範囲はわが国の場合と比べて非常に広かったこと、製造業の職人だけではなく、石炭運搬夫や馭者などの運送・サービス関連の職種にまで及んでいたこと、そしてそのような職種においてもそれほど早期に徒弟制度が弱体化したわけではなかったことを考えると、アプレンティス制度の強固さが、都市労働市場における雑業者化にたいしてある程度の歯どめとして機能していたことが想定される。産業革命以前の西欧においてプロレタリア化が農村部で起こったのも、この点と無関係ではないであろう。逆にいえば、わが国の職人ギルドにおける伝統の弱さと、その早い時期における衰退とは、江戸でみられたようなドラスティックな雑業者化を生ぜしめたひとつの要因であったのかもしれない。

実際、前章でみた明治初年の江戸日本橋本石町二丁目と神田松田町資料の分析結果（表5-8）からみるかぎり、奉公人（徒弟）雇用、世帯構造、人口行動という点で、職人世帯が大店を除く他の諸階層、中小商人やさらには雑業者とも非常に違っていたという形跡はない(20)。しかし、江戸から明治にかけての職人層にかんする経済史的、社会史的、歴史人口学的分析は、これまでの研究のなかでもっとも立遅れている分野である。新しい視角からの研究が望まれるところである(21)。

註

(1) J. R. Farr, *Artisans in Europe* (2000), pp.96-107. もっとも、徒弟制の機能は必ずしも技能訓練だけではなかった。徒弟制自体は、都市共同体の一部として種々の社会的・文化的機能を果たしていた。この点にかんしては、中野忠『前工業化ヨーロッパの都市と農村』(二〇〇〇年)の第四章「近世イギリス都市の徒弟制」がバランスのよい展望を与えてくれる。

(2) G・アンウィン『ギルドの解体過程』(一九〇四/八〇年)、一一頁。傍点は原文のまま。

(3) 以上、P. Clark, 'The reception of migrants in English towns in the early modern period' (1985), pp. 55, 59-60 による。P. Clark and P. Slack, *English towns in transition* (1976), p. 92; P. Clark, *The English alehouse* (1983), ch. 4 をも参照。

(4) R. Finlay, *Population and metropolis* (1981a), pp 139-42.

(5) P. Laslett, 'Characteristics of the Western family considered over time' (1977), pp. 32-33.

(6) Laslett, ibid. に他の例がいくつかみられる。

(7) 本書第二章の註24(六六頁)に掲げた諸文献を参照。

(8) C. Physian-Adams, *Desolation of a city* (1979), p. 221 には、フリブール(一四四七/八年)とニュルンベルク(一四四九年)、およびイープルの一教区(一五〇六年)における奉公人人口比率が載っているが、それぞれ九・五、一八・六、一〇・〇%と高くない。

（9） イングランドにかんしては、Laslett, 'Clayworth and Cogenhoe'（1977）, p. 61; K. Snell, *Annals of the labouring poor*（1985）, p. 256. フランスにかんしてはC. Fairchilds, *Domestic enemies*（1984）, pp. 2-5を参照。

（10） Physian-Adams, *op. cit.*（in n. 8 above）pp. 306-07.

（11） R. Mols, *Introduction a la dêmographie historique des villes d'Europe du XIVe au XVIIIe siècle*, tome 3（1956）, p. 202には、ミュンスターとともに一五八八年のハイデルベルクの表も載せている。全体の傾向はミュンスターと同じであるが、商人の場合、男子九%、女子一〇%と男女差があまりなく、ミュンスターの数値と微妙に違う。

（12） Snell, *op. cit.*（in n. 9 above）, pp. 234-39, 259. 十九世紀の呉服商にかんしては、D. Davis, *A history of shopping*（1966）, pp. 255-60をも参照。

（13） A. Sharlin, 'Natural decrease in early modern cities'（1978）. なお、この論文にたいするR. Finlayのコメントと Sharlinのリジョインダーをも参照。*Past and present*, no. 92（1981）, pp. 169-80.

（14） Finlay, ibid.

（15） Vann and Eversley, *Friends in life and death*（1992）, p. 134、およびWrigley et al., *English population history from family reconstitution*（1997）, p. 355による。

（16） ジュネーヴについてはA. Perrenoud, *La population de Genève du seizième au dêbut du dix-neuvième siècle*（1979）; ditto, 'Croissance ou dêclin?'（1982）; ditto, 'De Rouen à Genève'（1986）; ditto, 'Aspects of fertility decline in an urban setting'（1990）、ルーアンにかんしてはJ.-P. Bardet, 'Innovators and imitators in the practice of contraception in town and country'（1990）; M. Livi-Bacci, 'Social-group forerunners of fertility control in Europe'（1986）, p. 197による。

（17） A. M. van der Woude, 'Population developments in the northern Netherlands（1500-1800）and the validity of the "urban graveyard" effect'（1982）.

(18) D. Reher, 'Urbanization and demographic behavior in Spain' (1986).

(19) C. Galley, *The demography of early modern towns* (1998), especially ch. 5. クリス・ギャリィの研究については、酒田利夫『イギリス社会経済史論集』(二〇〇〇年) の第八章「近世ヨークの歴史人口学」に紹介がある。

(20) 職人のイエにかんする社会学的研究をみても、なにか独特な構造的特質をもっていたようにも思えない。山本正和「職人の家」(一九八一年) を参照。

(21) 工業化初期段階の熟練労働力の形成という観点からであるが、幕末-明治の職人にかんする尾高煌之助の論稿はその数少ない例外である。「金属加工業における職人の貢献」(一九八六年)、「工業化過程における職人の役割」(一九八七年)、および『新版 職人の世界・工場の世界』(二〇〇〇年) をみよ。

第七章

明治から現代へ——連続と不連続

明治に入ってからの東京遷都、文明開化、そしてなによりも一八八〇年代後半以降に始まった経済成長——これらは再び都市化をスタートさせることとなった。ただ伊藤繁の丹念な推計作業によれば、明治初年における都市化のペースはまだ緩やかであった。その理由の一端は、東京と名前の替った江戸が、明治一桁代のうちは江戸幕府の崩壊と旗本・御家人家族の流出による打撃から立ち直れなかったからであるが、一〇年代になってからの全国都市化率でみても、その進展は急速とはいえない。一八七九—八四（明治一二—一七）年の都市人口増加率は八%であった。もちろんそれは全国人口の増加率よりははるかに高かったが、その水準が一五%に跳ね上がり、都市への人口移動がスパートするのは、松方デフレが終息し、企業勃興期をへた一八九〇年代半ば以降のことであった。[1]

この一八九〇年代半ば以降の都市化は、しかし、徳川時代からの延長上に位置づけられるものではなかった。東京、名古屋、大阪という太平洋ベルト地帯の大都市へのいっそうの人口集中と、そこへの人口供給地域、すなわち人口流出地域の広範な形成を伴うものであった。実際、寄留統計を利用して中部地方の人口移動パターンの変化を調べると、新潟県を典型とする人口流出地域と名古屋への人口集中との対照が浮かび上がってくる(2)。

再開された都市発展は、文字どおりさまざまな点で西欧化と近代化を伴っていた。東京・大阪などへの集中が進んだということは、それらの都市が文明開化の拠点だったことと無関係ではない。それゆえ、明治の都市化は、経済的にも、社会的・文化的にも、そして都市景観の上からも大きな変化を伴っていたのである。

1 柳田國男の直観——流入と定着の新たなサイクル

しかし、江戸と明治の切れ目を大きく考えすぎることも危険である。エドワード・サイデンステッカーは江戸‐東京の歴史における最大の転換点を、維新にでも、明治の他の時期にでもなく、大正の大震災に求める。それによって下町が消滅してしまったからである。

「下町には、少なくとも大震災の頃までは、江戸文化の残照がなお生き延びていた。日本の近代化と奇蹟の経済成長が始まったのは明治だったが、下町はまだ、江戸期以来の文化的優位を失ってはいなかったのである。

「新しい住民の流入と共に江戸っ子が四散し、特に［下町の中心］日本橋が犠牲になった有様を回想している文章は、谷崎の作品をはじめとして数多い。これには誇張もあるかもしれないし、殊に谷崎の場合は、文学上の効果をあげるためにあえて誇張しているのではないかと思える。」

ここで指摘されている「新しい住民の流入」と、「ごく狭い、しっかりとまとまった、そして居心地のいい」、「江戸っ子」の住むところ、下町との関係こそ、江戸社会の根底にあった問題であるし、また同時に明治以降の東京の問題でもあった(3)。だが、新たに入ってきた住民は文字どおりに新しい要素となったのであろうか。それとも、柳田國男の直観はここでも正しかったのであろうか。すなわち、かつての下町住民の場合がそうであったように、流入から定着へというサイクルが、明治以降の歴史のなかでも――異なった時代環境のもとではあったが――みられたのではないであろうか。

たしかに、一八八〇年代後半から再開された都市化においても、いくつかの点で江戸の場合との類似性が指摘できる。

第一に、都市化に伴って拡大した雇用は、広い意味で雑業的な職業であった。明治末年東京市の職業統計をみると、それは小商や小職人、そうでなければ「労役者」か「僕婢」であった。必ずしも江戸の時代においてみられた雑業者だけではなかったが、いずれも伝統的な職種であった。近代産業の雇用も成長したが、その主力は繊維産業などの女工であって、「はやい回転が望まれた」、すなわち内部化の対象とはならない未熟練労働力であったと思われる。(4) これは、一九一六年に帝国農会が六四ヵ村を対象に行った調査によっても確かめられる。その報告書によれば、出寄留者の職業と行き先は、男子の場合、北海道や樺太・朝鮮などへの移住と都市への出稼、また職工・労働者と記されたケースも多くみられる。とくに都市への寄留者が多かったが、その就業形態は「雑多」、すなわち雑業に就くものの割合が大であった。これにたいして女子の場合は、就業先が二、三に限られていた。すなわち「女工」か「下女」である。そして、前者の多くと後者の大部分は都市へ向かった移動であった。(5)

第二に、これらの雇用への就業者は農村部からの流入者が多かった。とくに初期の段階では男子の流入者の割合が高く、したがって、都市化の再開とともに性比は再び上昇しはじめたのである。『東京府統計書』の現住人口系列によっても、一八七〇年代後半には一一〇未満であった一五区の性比が、一八九七（明治三〇）年には一二〇になっている。また伊藤繁の推計によれば、一八八九（明治二二）年一二一、一八九八（明治三一）年一二二、一九〇八（明治四一）年一二八と上昇している。(6) 都市人口増加とともに、都市の結婚市場は再度アンバランスの方向へ向かったのである。

しかし第三に、明治末年になるとふたたび結婚市場の局面は転換、性比は低下傾向へと転じ、(7) 都市「細民」の間で家族形成・定着への明瞭な動きがみられるようになった。近代産業の発展を担った労働力の主力は「出稼型」であったというのが一般的な理解であるが、しかし、すべての労働力が農村へ還流していたわけでは決してなかった。東京の下層社会にかんする中川清の研究が明らか

明治の口入屋店先。'Cherchant une place……'（職を探し求めて）と書かれている。娘の右端にいる男は人力車夫，彼女はいま田舎からでてきたところであろう。奉公先が決まったからきたのではなく，これからこのおばさんに探してもらうのである。（『ビゴー日本素描集』岩波文庫版より。）

にしているように、「都市社会に集積した人口は『工業化』と人口集中という単純な対応関係とは相対的に独自な展開、すなわち流入人口の定着、世帯形成、世代的再生産という運動を開始したのである[8]。

それに加えて都市の死亡率水準が低下を始めた。明治期となっても、都市人口の正確な自然増減率を確定することは容易ではないが、伊藤繁は別の推計にもとづいて、世紀の変わり目ごろまでに全国の大部分の都市において蟻地獄的状況はほぼ解消したという[9]。都市の人口転換である。ただ、その転換はもっぱら死亡率の低下によって起こったわけではなかった。流入人口の定着と家族形成がもっていた潜在的な出生率上昇効果が、この時期になって顕在化したことも見逃がせない。そしてそれがまた、都市化を加速させる方向に作用したのである。

いいかえれば、明治の都市においても、近世の都市雑業者の世界と同様のメカニズムが働いたのである。雇用の創出が人口の流入を生み、流入者の定着が進むことで都市の成長が促されるという連鎖である。明治の都市化に新しさがあるとすれば、その雇用創出をもたらした原動力が文明開化と工場の登場であったことであろう。明治の多くの都市は、開化の装いのもとで再登場した裏店の世界、洋風と伝統風とが雑然と入り混じった、しかし活気のある町といった様相を呈していたに違いない。これは想像であるが、明治の都市にはどこか現代のアジアの都市にみられるのとよく似た活気があったのではないであろうか。

2　商家から財閥へ、そして大企業へ――雇用制度の連続と不連続

都市の人口転換とならんで、決定的な違いは労働経済の面にも存する。たしかに徳川時代の江戸と大阪でみられた雇用構造と労働市場は、両大戦間期に形成された二重構造と基本的には同じ構造をもっていた。しかし、二つの異なった時代に観察される〝二重性〟の間には幾多の相違もみられる。そのなかでも、一九二〇年代以降における二重構造が製造業のブルーカラー層の内部でみられたことであるのにたいして、本書でみてきたところの徳川都市社会における二重構造が、第三次産業内部の、ブルーカラーとは呼びえない人びとについて観察される現象であったという違いは、決定的に重要である。

もっとも、興味深いことに、近世末期において雇用の二重性がみられたのは三都の商業セクターのみではなかった。いくつかの製造業においても、その例は報告されている。野田や銚子の醬油業においてもまた灘の酒造業においても、あるいは阿波の藍業においても、内部昇進を伴う長期雇用の奉公人と季節雇用の労働者とは明確に区別されていた。ただ、この労働力構成上の区分は、これらの産業におけるマネジメントと生産とが組織的にも空間的にも完全に分離していたことと対応しており、前者が行うのは財務、仕入、在庫管理といった商人的な業務にかぎられていた。その点では、これら製造業における奉公人制度も基本的には商人のそれであって、大阪の商家の場合と何ら変わるものではなかった。そして、そのような奉公人制度を必要とさせた事情も、問屋商人の場合

とまったく同じであったと思われる。これにたいして生産の場では、親方が職人や現場労働者を、需要動向や仕事の季節性に応じて調達し、管理するというシステムがとられており、マネジメントと生産現場の間での雇用制度上のつながりはまったくなかったのである[10]。

一九二〇年代に成立した〝日本的〟雇用制度の新しさも、まさにこの点にあった。すなわち、子飼制と内部昇進制に要約される雇用制度はたしかに伝統の一部であったが、ブルーカラー労働者が内部化され、彼らにこの制度が適用されるようになったということが新しいのである。

もっとも伝統の一部といっても、近世大阪の商家の雇用制度が途切れなく連綿と、明治をまたいで両大戦間期まで続いたというわけではなかった。明治には新しい産業が誕生し、新しい企業形態が登場した。雇用のあり方も相当に流動的となったに違いない。そして、第一次大戦後の新しい経済状況の下で組織再編の必要が生じたときに初めて、古い伝統が想い起こされ、結果として連続性がもたらされたという面はあったかもしれない。ただ、ここでの関心はそういった変化過程を詳細に跡づけることではない。本書にとって重要なのは、日本的雇用制度と呼ばれるものが、徳川時代の商家から一九三〇年代の財閥系企業へ、そして第二次世界大戦戦後の大企業経営へと受け継がれたのだとしても、それはあくまでもホワイトカラーの雇用制度だったという事実である。ブルーカラー労働者にも適用しようという発想は、伝統社会のメニューのなかには存在していなかった[11]。

3　職人のゆくえ

しかし、近代から伝統社会をみるのではなく、伝統社会から近代を展望するとどうであろうか。これは別稿で論じたことであるが、産業革命をへた近代ヨーロッパの製造業をみても、職人の伝統は無視できないといわれる。とくに、工業化に必要な熟練《スキル》の供給という観点からみたとき、伝統的な徒弟制の果たした役割は想像以上に大きかった。マイスター制のような公的資格制度がいまも生きているドイツはもちろんのこと、都市職人ギルドの規制が早くから弛緩したといわれる英国の場合でも、造船、機械、建築、印刷といった産業分野では、工場内でニュースタイルの徒弟制が根づいたし、近代の労働組合の一翼を担ったのもクラフト・ユニオンであった。十九世紀の機械産業を例にとろう。小野塚知二が三四八人の伝記資料から整理した結果によれば、一七三〇年から一八二五年のあいだに入職した機械産業従事者の徒弟経験率（五年以上の徒弟期間を経験したひとの割合）は二七%、未経験率四三%であったが、一八二六年以降となると、徒弟経験率は六〇%以上に跳ね上がり、逆に未経験率は四分の一未満になる。十九世紀の最後の四半世紀では、徒弟経験率が七六%に達し、未経験率は一一%の低さであった。明らかに、近代的な機械工場の熟練形成の方法も徒弟制度であった。その連続性のゆえ、近代的な教育体系が整備される以前の段階であっても、熟練の供給は十分に弾力的だったのである。(12)

日本の工業化の過程では、このようなことはみられなかったのであろうか。第四章でみたように、幕末・維新のころ、江戸と大阪それぞれの就業人口の四分の一前後は職人であった。おおよその人数にして、それぞれ三万余と二万余である。無視できる規模ではない。たしかに、徳川時代の都市史を彩った商人層および雑業層よりも集団として小さく、後者の雑業者から截然と区別された社会層とはいえなかった。明治ともなれば、徒弟制度は機能不全に陥っていたし[13]、また、職人の工房で徒弟と雇職人を内部化しようという動きはまったく起こらなかった。しかし、明治期の工場、とくに機械工業の工場は、工場内部に「転生」した伝統的な親方―徒弟関係にもとづく間接的労務管理と、熟練労働者の「頻々たる」工場間移動によって特徴づけられるという見解が以前よりある。すなわち、近代的な装いの工場であっても、伝統的な「渡り」職人の性格をもっていた職工が中枢をしめていたというのである[14]。それは、近代の工場制度も近世の徒弟制度に起源をもっていたことを示唆しているのであろうか。

このような疑問に答えてくれる研究は多くないが、尾高煌之助の『新版 職人の世界・工場の世界』は、明治初年の『東京名工鑑』や夥しい数の社史という、これまで利用されることの少なかった資料を駆使して伝統的な職人と工業化の歴史的関連を解明しようとした好著である[15]。それによれば、第一に、伝来の金属機械職人のうちで近代的な金属加工や機械器具製作に携わったものは少なかった。ただ、第二に、少数ではあっても近代工場成立との橋渡しをつとめた職人を見出すことができる。第三に、予想されるように、そのなかでは鍛冶工が多い。とくに鉄砲鍛冶出身が目立つ。自転車メーカーはその典型で、宮田製作所の創立者宮田栄助は国友家に弟子入りした製銃師であった。また、第四に、陸軍砲兵工廠あるいは海軍横須賀工廠で修業した事例、あるいは東芝の前身である芝浦製作所を作った田中久重の工場で働いたケースが少なからずあったという。

こうしてみると、細々とした連続性はあったかのようにみえる。しかし、鉄砲鍛冶から近代的な工場へと転進した諸事例を詳しくみると、徳川時代に連綿と続いた制度が産みだした転換とは必ずしもいえないようだ。前者にかんする鈴木淳の研究によれば、幕末の軍備拡張に伴い、洋式銃への需要が急激に増加、従来からの幕府諸藩が抱える御鉄砲師を中心とした生産体制はいっきょに流動化へ向かった。それまでは製銃とは無縁であったものが幕府の小銃製造所や諸藩の御鉄砲師のもとへ大量に弟子入り、短期間のうちに「一人前」となり、独立して自営の親方となったり他藩に招かれたりした。彼らのなかには、当然、鍋釜や鋤鍬を作っていた農村の鍛冶工が含まれていたであろうが、それ以外のバックグランドをもつものも多くいたにちがいない。彼らもまた、多くの弟子を採ったので、全国の鉄砲鍛冶の数は急速に膨れ上がり、またきわめて流動的な鍛冶工の労働市場が出来あがったのである。しかし、幕府の崩壊と廃藩とによって旧来の軍事工業は大幅に収縮し、大量の失業者が生じた。彼らはさまざまな職に就いたであろうが、能力のあるものは近代的な機械器具生産や造船業へと向かったであろう。このように、明治の資料から描き出された「渡り」職人的な機械工のイメージは、幕末維新の鉄砲鍛冶がおかれた特殊な状況の産物だったのである(16)。

結局、工業化を担う産業部門の中核的技術者と労働者のなかに、農村出身であれ都市裏店の生まれであれ、都市の職人仲間の規制の下、所定の徒弟期間をへて職人となった経験をもつものを見出すことは難しいようだ。尾高のいう「職人の役割」とは、伝来の制度が果たした役割ではなく、さまざまな源泉からなる個々人の貢献の集合であったといってよい。もっとも、東芝の創始者田中久重は久留米の鼈甲細工師の息子というから、彼は典型的な都市職人の産であった。西欧式医療器具の生産は鎖国前からの伝統があるので、明治以降の産業技術とのあいだには明白な連続性がみられる。また、社会一般にも職人芸（クラフツマンシップ）を尊重する雰囲気がなかったわけでは決してなかった。しかし、田中のような転進例は非常に少なかったし、その転進を制度的に後押しする確固たる体制は存在しなかった。竹内常善の巧みな表現を借用すれば、「attitude（態度）としてのクラフツマンシップは成立していたが、institution（制度）としてのそれは十分な展開をしめさなかった」のである。(17)

4　「町工場の世界」の出現

職人の系譜をたどるとしたら、それは近代的企業の工場にではなく、〝町工場《まちこうば》〟と呼ばれた中小零細工場のなかにであろう。近代日本の二重構造的発展――第二章での分類法によれば、第一モデルの二重構造を伴った発展――では、「旧来の技術に手を加えつつ混成型の製品を作る職人の世界と、［西欧から］借りた技術や官僚的組織原理にもとづく大工場の世界とがしばらく共存」したからである。(18)

森清が前者の途、すなわち〝町工場〟的な工業発展の途を「もうひとつの近代化」と呼んだことは、第二章で紹介した。その町工場の起源について、彼は次のようにいう。

「東京の町工場は……地方から上京した者が開いたという例が多い。地方に行くと野鍛冶から転じた例が多くなる。そのどちらにも、日常生活や技術の基盤に鍛冶屋から伝承されているものを見出すことができる。しかしまた、そのどちらも、伝承社会からの単純な発展ではなく、明白なひとつの断絶がある。そこに伝承の世界から少しでも逃れて近代工場たらんとする意気込みをみることもできよう。」(19)

二重構造下の中小企業には農村出身の職人が本当に多かったかどうかは系統だった資料収集をして検討すべき研究課題ではあるが、尾高や森のあげる事例をみても十分に納得できる話である。

しかし、彼らもまた徳川時代の制度の産物ではなかった。昔の鍛冶工から継承されたものを見出すことはできても、明白な「断絶」があったというのである。「伝承の世界から少しでも逃れて近代工場たらんとする意気込み」とは、近代西欧の技術体系に接した経験が触媒として必要であったということであろう。官営工場、その官営工場で技術を学んだ職工が独立して建てた工場で働いた経験が重要であったということであろう。しかし、技能を形成する仕方は近代的大企業の工場におけるそれと同じにはならなかった。大企業の基幹工が工場内の種々の持場を経験しながら技能を身につけたのとは異なって、彼らは町工場を渡り歩きながら腕を磨いた。中岡哲郎は、国産蒸気自動車第一号を製作した山羽虎夫が「腕を磨く目的で」「明治工業史の最先端の部分に現れてくる工場や機関を順々に渡り歩」いたことに触れて、「このコースの最終仕上げは町工場の経営者となることであった」と述べているが、山羽らを町工場世界のトップとすると、その下には、類似のコースをたどった旋盤工や鍛造工がいた。そして、彼らの技能のうえに、個々の町工場は「それぞれに特長のある技能をもっていて、しかもその気になれば時間的にも技術的にもかなり融通のきく、つまりフレキシブルな存在」となった。戦後の高度成長期にはNC旋盤など、最新鋭の機械が導入されたが、それにも対応した。もっとも、その町工場が個々に点として存在したり、大企業の下請工場であった状態では搾取される存在であったかもしれない。しかし、それが「横に結ばれる」と、いいかえれば今井賢一のいう「情報ネットワーク社会」を形成するようになると、町工場地域は「力強い技術集団」となった。[20]

町工場の世界は、明治以降、都市の下町にまったく新たに形成されたものであった。

5　企業の雇用制度は都市起源、労働への態度は農村起源

連続性が観察されるということは、起源を前の時代にまでたどれるということである。徳川時代の都市ホワイトカラー層のなかから生まれた奉公人制度は、近代企業の雇用制度となった。そしてその雇用制度が、両大戦間の時代にブルーカラーをも包摂した。第四章でみたように、商家奉公人

制度が徳川時代に成立したのは、即戦力の適材を外部の労働市場で調達できないという時代的制約の下、〝実地訓練と幅広い経験の積重ねとによる熟練形成〟に適したシステムだったからであった。明治末以降にそれが近代企業の職員層の制度へと移行したのも、新しい企業経営に必要なスキルは内部的に育成しなければならなかったからである。さらに、両大戦間の時代には大企業の工場労働者にまで適用されることとなったが、それも、重化学工業化の進展とともに新しい技術体系が積極的に導入されたことによって、新規採用の労働者に、これまでとは異なった技能を身につけてもらうための訓練を施す必要が生じたからであった[21]。

これら二種類の労働者群はやがて会社員《サラリーマン》と呼ばれるようになった。近代都市を特徴づける出来事は、職住分離である。社会集団としての勤め人の誕生である。職住分離は、住込奉公の場合とは違って、被雇用者に独立した生計を営むことを可能にした。それにより都市の中心部はビジネス街となり、ホワイトカラーとブルーカラーの住宅が市内の周縁部から郊外にかけて形成されるようになった。最初は地理的にも別個の住宅地であったが、英国の都市のように労働者階級独自の街が形成されることはなく、ブルーカラーが〝会社員〟としての意識を強めるにつれて次第にその区別も不分明となり、工場労働者の家族を一部包み込んだかたちで住宅地としての郊外が成立した[22]。

しかしその過程で、旧市街には、ビジネス街と隣り合って別の生活空間も形成されていった。そのひとつは、かつての裏店の世界に系譜をもつ雑多な人びとの街である。明治ならば、職工・車夫・馬丁から屑拾いまでを含むスラム、横山源之助のいう「下層社会」であろう。もうひとつは、日清・日露戦後に中小の工場群が族生した大阪の上町、川口、九条、西野田、東京の本所、深川などのような、まったく新しい生活空間としての町工場の世界である。この世界にいわゆる日本的雇用制度が及ぶことはなかったので、初期の段階では、独自の生活空間というよりは雑業者のそれと区別しがたい存在であったに違いない。けれども、流入—流動—定着という、都市史にみられる普遍的パターンをへて、また彼らのあいだに徐々に独特のスキルが形成されることによって、さらには機械工業自体の地域集積によって、戦前の月島、戦後の大森・蒲田のような独特の地域社会ができあがった。都市の内部に英国の労働者街と類似の生活空間を探すとすると、この町工場の地域になるのではないかと思う。

この世界の歴史的起源はどこに求められるのであろうか。二つの面から考察することができる。第一は生活空間、第二は労働文化である。前者の起源は、いうまでもなく近世都市の雑業の世界である。裏店の世界である。すでに本章の初めで述べたように、それは文明開化の装いのもとに再登場し、拡大していた。明治のこの世界から分離独立するかたちで、町工場の街は姿を現わした。

これにたいして、労働文化の面からみた起源は難しい問題である。近世の都市でないことははっきりしている。しかし、伝来の農村職人の技術体系がそのまま通用したわけではなく、他方、大企業の工場のように新しい技能を育成する制度が作られたわけでもなかった。さまざまな伝記物語を読むと私たちにみえてくるのは、個人の才覚と「意気込み」である。しかし、それら優れた個人の背景として、彼らの出身地である農村における生業の伝統がやはり重要だったのではないか。もともと職人仕事は労働集約的である。その労働集約をスキル集約へと変換させる何かが重要だったのではないか。

鍬や鎌を製造していた野鍛冶について民俗学者が行った聞とりを読むと、彼らが、注文主である農民の微妙に異なる地形や土質を反映した要求に合わせて、驚くほど多様な農具を作り分けてきたことがわかる(23)。多品種少量生産であるが、多様性に対応でき、変化をこなす能力がなければできないことであった。それは結局のところ、農家における農業改良のプロセスと基本的に同じであった。トマス・スミスは『近代日本の農村的起源』において、徳川時代の農業が、農事改良の過程で「その手工業的性格」を強めたと指摘していた。『日本社会史における伝統と創造』では、農業技術および農民の時間を扱った章で、日本の農家の耕地は小規模で村内に分散しており、耕地の質入・売買・貸借があったので、一つひとつの地片の耕作条件はたえず変化をしていた事実に目を向ける。それゆえ、その土地に適した作物とその品種を選定することが重要であった。この不断の適応の必要性が、一見したところ年々同じ作業の繰り返しであったようにみえる農業に非反復性をもたらし、結果として実験と発見、工夫と改良へと導いたというのである。この微妙な変化への対応能力こそ、農工を問わず〝熟練《スキル》〟の重要な構成要素であった(24)。

スミスの議論から導き出されるもうひとつの含意は、年間を通しての時間管理と個々の農作業を行うための段どりの重要性である。農民にとって、それは複数の圃場に多種類の作物を異った季節に分けて作付けなければならなかったために生じたことであった。そこへ種々の副業的な営為が加わると、彼らの時間管理はさらにタイトとなった。工場ができ、その規模が拡大すると、時間管理と段どりはいっそう重要となった。近代的な大工場はもちろんのこと、町工場においても、時間管理はもはや直接生産者のすることではなくなっていたかもしれない。しかし、治具づくりと段どりは高度な熟練《スキル》をもつ職人ないしは職工に必須の技能と看なされたのである。

〝熟練《スキル》〟をこのように分解してみると、その個々の構成要素は現代のアセンブリー・ラインでも必要とされるものだということがわかる。これが小池和男らの調査が見出した事実であり、また彼らが強調してきたことである。それだけではない。ホワイトカラーにさえ、変化への対応と問題をこなす能力という意味での熟練は要求される。問題の質、変化のスピード、反復性の比重はそれぞれ異なっているであろう。しかし、〝マニュアル化できない技能を磨くことが大事〟という態度は、町工場の職人、大企業のブルーカラー、ホワイトカラー、いずれの場合の理念型をとっても共通している。[25] それゆえ、スキル志向型の仕事への態度、スキル集約的な労働観、スキルをもつものには一目おくという労働文化、それが日本の経済発展を特徴づけてきたといえる。ただ、そのスキルを育成する仕組はひとつとはかぎらない。理論的にはいくつかの制度が考えられるはずである。そのメニューのなかから、子飼制と内部昇進制を核とするフォーマルな制度が近代企業のホワイトカラーとブルーカラー双方に適用され、他方、中小企業では職人的熟練形成の仕組が戦略的な制度づくりとは無縁なところで生成してきたところに、日本の経験の特色がある。

本書の結論は、前者の、フォーマルな仕組としての企業の雇用制度は近世大阪の商家に、前者にも後者にも共通する態度《アティテュード》は近世の農村に起源をもつというものである。それは、近代日本の「都市起源」にかんする考察がなぜ「農村的起源」を重視する見解の補足となるのかという、「序」でたてた問いへの回答でもある。

註

(1) 伊藤繁「明治大正期日本の都市成長」(一九八三年)、三三三頁以下。伊藤による国勢調査実施以前の都市人口推計結果は、『長期経済統計』シリーズの『地域経済統計』(一九八三年)にまとめられている。

(2) 斎藤修『賃金と労働と生活水準』(一九九八年)、一二一—三〇頁に紹介。ただし、この他にも忘れてはならないパターンを示す地域があった。それは、長野県諏訪郡に代表される農村部に立地した繊維産業地域である。少なくとも第一次世界大戦以前は、大都市の成長と農村からの人口流出のみで人口移動パターンを描くことはできない。

(3) 引用は、E・サイデンステッカー『東京下町　山の手』(一九八三/八六年)、一一—二、一四、一五頁より。

(4) 一九〇八年、一九二〇年の『東京市勢調査』(センサス)による中村隆英の観察。中村『戦前期日本経済成長の分析』(一九七一年)、一〇九—一二頁。

(5) 斎藤、前掲書(註2)、一一九—二〇頁に引用。

(6) 小木新造『東京庶民生活史研究』(一九七九年)、三七頁、および伊藤繁「明治大正期の都市農村間人口移動」(一九八二年)、六六頁による。

(7) 伊藤、前掲論文(註6)、六六—六八頁。これは東京だけではなく、横浜、名古屋、京都などでも観察される変化である。なお、ヘンリー・スミスは、江戸-東京の社会史を扱った興味深い論文において、寄留統計固有の問題から、明治中期においては年とともに性比が過大に表されていく傾向があるとして、センサスにもとづく明治末-大正初年と一八七〇年代末とを直接結んだ右上りの上昇線をもって実態に近いとしているが（H. D. Smith, 'The Edo-Tokyo transition', 1986, p.366）、伊藤繁の推計によると、一九〇〇年代末から一九一〇年代にかけて観察された性比の低下傾向は現実を反映したものであったと考えるべきである。

（8）　中川清『日本の都市下層』（一九八五年）、四五―四九、八四―八五頁。

（9）　伊藤繁「明治期都市人口の自然変動」（一九八四年）。

（10）　野田と銚子の醤油業にかんしてはM. Fruin, *Kikkoman*（1983）, pp.36-47と鈴木ゆり子「醤油醸造業における雇用労働」（一九九〇年）、灘酒造業については柚木学「近世における酒造経営と別家制度」（一九七七年）、阿波藍業における本店と出店との関係にかんしては、天野雅敏『阿波藍経済史研究』（一九八六年）、四五頁。なお、この著作は――雇用制度にかんする言及はこれ以上ないが――多店舗経営の展開と中央集権的な経営管理確立との関連を示唆しており、興味深い。

（11）　ここでの問題に関連した著作や論文はおびただしい数にのぼるが、尾高煌之助『労働市場分析』（一九八四年）は基本文献である。明治大正期における企業職員層、とくに大卒の職員層にかんしては、米川伸一の一連の業績、とくに 'University graduates in Japanese enterprises before the second world war'（1984）および「明治大正期大紡績企業の職員層」（一九八五年）をみよ。他方、中下級の職員層にかんしては、菅山眞次「産業革命期の企業職員層」（一九九三年）、「一九二〇年代重電機経営の下級職員層」（一九八七年）を参照。

（12）　小野塚知二『クラフト的規制の起源』（二〇〇一年）、第二章による。斎藤修「熟練・訓練・労働市場」（一九九〇／九七年）も参照。英国の近代的な機械工場でみられる職人的熟練の典型は、「序」でも言及したトゥール・メーカー（あるいはトゥールルーム・ワーカー）の技能であろう。この職種の労働者にかんする歴史的考察は少ないが、最近、齊藤健太郎が、十九世紀的な熟練形成システムが動揺した両大戦間期にかんして、「戦間期イギリスにおける熟練の『解体』と熟練工の労働市場」（二〇〇一年）と題する興味深い学会報告を行った。

（13）　隅谷三喜男「日本資本主義の形成と徒弟制」（一九七六年）は、「現今慣行ノ年期徒弟法ハ　親方ニ於テハ徒弟雑役若クハ低易ノ業ニ服セシメ又其父兄ハ衣食係累ヲ軽減シ……之ニ必要ナル教育ヲ授ケサレハ　決テ数多ノ良工ヲ出シ永久ノ経済ヲ計ルノ道ニアラサルナリ」という、一八九六（明治二九）年刊行の『工業教育施設資料一班』の文章を引用している（八一頁）。
（14）たとえば、隅谷三喜男ほか『日本資本主義と労働問題』（一九六七年）、一〇四―一一二頁。間接管理と直接管理の登場にかんする最近の議論は、次註に掲げる尾高煌之助の著作の第七章にもみられる。
（15）以下、本書からの引用はその新版による。尾高煌之助『新版 職人の世界・工場の世界』（二〇〇〇年）。
（16）鈴木淳『明治の機械工業』（一九九六年）、第一章。
（17）竹内常善「中小企業史研究の課題と視角」（一九九六年）、二四頁。西欧式医療器具についても、竹内の「亀村清一郎」（一九九六年）を参照。
（18）尾高、前掲書（註15）、二八五頁。
（19）森清『町工場』（一九八一年）、四九―五〇頁。
（20）中岡哲郎『自動車が走った』（一九九九年）、二〇―二二頁、小関智弘『町工場の磁界』（一九八六年）、一〇七頁、および今井賢一『情報ネットワーク社会』（一九八四年）、一七―三二頁。なお、橋本寿朗「下請制」（一九九八年）、沢井実「機械工業」（一九九六年）をも参照。
（21）尾高、前掲書（註11）、二二四―二八頁。
（22）東京におけるビジネス街と郊外住宅地、工場地域の形成過程については、鈴木博之『都市へ』（一九九九年）、第八章、伊藤繁「戦間期の都市における企業の集積と人口」（二〇〇一年）を参照。
（23）香月節子・香月洋一郎『むらの鍛冶屋』（一九八六年）、一二一―三八頁、野本寛一『庶民列伝』（二〇〇〇年）、一五八頁。
（24）スミス『近代日本の農村的起源』（一九五九／七〇年）、一五七頁、同『日本社会史における伝統と創造』（一九八八／九五年）、一八九―九二、二一八―二五頁。
（25）小池和男『仕事の経済学』（一九九九年）、第一章、小池和男ほか『もの造りの技能』（二〇〇一年）。

nent in the early modern period', *Journal of interdisciplinary history,* vol. xv, pp.683-728.

Wrigley, E. A. and R.S. Schofield (1981). *The population history of England, 1541-1871: a reconstruction.* London: Edward Arnold.

Wrigley, E. A. et al. (1997). *English population history from family reconstitution, 1580-1837.* Cambridge: Cambridge University Press.

山本正和（1981）.「職人の家」, 同志社大学人文科学研究所編『共同研究 日本の家』国書刊行会, 所収.

矢守一彦（1970）.「彦根城下の人口構成と人口動態について」, 矢守一彦編『幕藩社会の地域構造』大明堂, 所収.

柳田國男（1929/62）.『都市と農村』;『定本柳田國男集』第16巻, 筑摩書房, 所収.

——（1931/63）.『明治大正史世相篇』;『定本柳田國男集』第24巻, 筑摩書房, 所収.

Yasuba, Y. (1976). 'The evolution of dualistic wage structure', in H. Patrick and L. Meissner, eds., *Japanese industrialization and its social consequences.* Berkeley: University of California Press.

安岡重明編（1982）.『三井財閥』日本経済新聞社.

——（1998）.『近世商家の経営理念・制度・雇用』晃洋書房.

Yonekawa, S. (1984). 'University graduates in Japanese enterprises before the second world war', *Business history,* vol.xxvi, pp.194-218.

米川伸一（1985）.「明治大正期大紡績企業の職員層」『社会経済史学』第51巻4号, 1-34頁.

吉田伸之（1990）.「振売」, 高橋・吉田（1990）所収.

吉原健一郎（1972）.「幕末期江戸町人の存在形態」, 西山（1972）第1巻, 所収.

柚木学（1977）.「近世における酒造経営と別家制度」, 宮本先生古希記念論文集『近代経済の歴史的基盤』ミネルヴァ書房, 所収.

Zelinsky, W. (1971). 'The hypothesis of the mobility transition', *Geographical review,* vol.lxi, pp.219-49.

津田秀夫（1951）．「後期封建社会に於ける平野郷町の人口の変遷」『ヒストリア』第2号，26-54頁．
上村雅洋（2000）．「近江商人の雇用形態」，上村雅洋『近江商人の経営史』清文堂出版，所収．
氏原正治郎（1966）．「労働市場の模型」，氏原正治郎『日本労働問題研究』東京大学出版会，所収．
梅村又次ほか（1983）．『地域経済統計』長期経済統計13，東洋経済新報社．
Unwin, G.（1904/80）. *Industrial organization in the sixteenth and seventeenth centuries.* London; アンウィン『ギルドの解体過程——16•17世紀の産業組織』樋口徹訳，岩波書店．
van der Woude, A. M.（1982）. 'Population developments in the northern Netherlands（1500-1800）and the validity of the "urban graveyard" effect', *Annales de dēmographie historique,* pp.55-75.
van der Woude, A. M., J. de Vries and A. Hayami, eds.（1990）. *Urbanization in history: a process of dynamic interactions.* Oxford: Oxford University Press.
Vann, R. T. and D. Eversley（1992）. *Friends in life and death: the British and Irish Quakers in the demographic transition.* Cambridge: Cambridge University Press.
若林喜三郎編（1984）．『北浜二町目戸長文書』大阪市史料第11輯，大阪市史編纂所．
Wall, R., J. Robin and P. Laslett, eds.,（1983）. *Family forms in historic Europe.* Cambridge: Cambridge University Press.
Wall, R.（1983）. 'The household: demographic and economic change in England, 1650-1970', in Wall, Robin and Laslett（1983）.
鷲崎俊太郎（2001）．「近世末期絹織物業中心地の人口移動分析——武州多摩郡八王子横山宿におけるケーススタディ」『社会経済史学』第66巻6号，627-47頁．
Wirth, L.（1938）. 'Urbanism as a way of life', *American journal of sociology,* vol.xliv, pp.1-24.
Wrigley, E. A.（1967）. 'A simple model of London's importance in changing English society and economy', *Past and present,* no.37, pp.44-70.
——（1969/82）. *Population and history.* London; リグリィ『人口と歴史』速水融訳，筑摩書房．
——（1985）. 'Urban growth and agricultural change: England and the Conti-

の研究』吉川弘文館，所収．

参謀本部編纂（1879）．『第二回共武政表』陸軍省．

館稔（1963）．『人口分析の方法——形式人口学要論』古今書院．

高木正朗（1989）．「都市町内の Population Dynamics ——19世紀奈良町『人数増減帳』にみる」『立命館産業社会論集』第25巻1号，167-92頁．

高橋美由紀（1999）．「都市化する郡山上町——人口増加の内容」『日本研究』第19集，241-63頁．

——（2000）．「近世在郷町の労働市場と労働移動——陸奥国安積郡郡山を中心に」『社会経済史学』第65巻6号，663-82頁．

高橋康夫・吉田伸之編（1990）．『日本都市史入門』III，「人」，東京大学出版会．

武谷嘉之（1999）．「近世大坂における家作『手伝』職の仲間形成」『社会経済史学』第65巻1号，45-65頁．

竹内常善（1996a）．「中小企業史研究の課題と視角——中小企業史研究会の取り組みを中心に」，竹内常善・阿部武司・沢井実編『近代日本における企業家の諸系譜』大阪大学出版会，所収．

——（1996b）．「亀村清一郎——医療機器業界と職人型経営者」，同上書，所収．

竹内誠（1972）．「寛政-化政期江戸における諸階層の動向」，西山（1972）第1巻，所収．

滝本誠一編（1928）．『日本経済大典』第7巻，啓明社．

玉井哲雄（1977）．『江戸町人地に関する研究』近世風俗研究会．

谷口澄夫（1964）．『岡山藩政史の研究』塙書房．

谷本雅之（1998a）．『日本における在来的経済発展と織物業』名古屋大学出版会．

——（1998b）．「もう一つの『工業化』——在来的経済発展論の射程」，斎藤修編『産業と革新——資本主義の発展と変容』岩波講座世界歴史22，岩波書店，所収．

暉峻康隆ほか編（1973）．『馬琴日記』全4巻，中央公論社．

戸板康二解説（1969）．『名作歌舞伎全集』第1，7巻，東京創元新社．

所理喜夫（1973）．「江戸の出稼人」，西山（1973）第3巻，所収．

東京都（1963）．『東京市史稿』市街編第53巻，東京都庁．

友部謙一（1999）．「近世都市長崎における人口衰退について：その研究序説——桶屋町 1742-1851年」『三田学会雑誌』第92巻1号，81-103頁．

土田良一（1978）．「近世甲府城下町における都市構造の変容過程——人口推移を中心に」『歴史地理学紀要』第20号，180-93頁．

——（1979）．「近世甲府三日町の人口動態」『人文地理』第31巻6号，71-83頁．

present, no.92, pp.175-80.
柴田顕正編（1927）.『岡崎市史』第3巻，岡崎市役所.
島田晴雄（1986）.『労働経済学』岩波書店.
新保博・速水融・西川俊作（1975）.『数量経済史入門――日本の前工業化社会』日本評論社.
新保博・斎藤修（1989）.「概説 一九世紀へ」，新保博・斎藤修編『近代成長の胎動』日本経済史2，岩波書店，所収.
Smith, H. D., Jr（1986）. 'The Edo-Tokyo transition: in search of common ground', in Jansen and Rozman（1986）.
Smith, R. J.（1972）. 'Small families, small households and residential instability: town and city in "pre-industrial" Japan', in Laslett and Wall（1972）.
Smith, T. C.（1959/70）. *The agrarian origins of modern Japan.* Stanford; スミス『近代日本の農村的起源』大塚久雄監訳，岩波書店.
――（1973/77）. 'Pre-industrial economic growth: Japan and the west', *Past and present,* no.60; スミス「前近代の経済成長」，社会経済史学会（1977）所収.
――（1988/95）. *Native sources of Japanese Industrialization, 1750-1920.* Berkeley; スミス『日本社会史における伝統と創造――工業化の内在的諸要因1750-1920年』大島真理夫訳，ミネルヴァ書房.
Snell, K. D. M.（1985）, *Annals of the labouring poor: social change and agrarian England 1600-1900*. Cambridge: Cambridge University Press.
菅山眞次（1987）.「1920年代重電機経営の下級職員層――日立製作所の事例分析」『社会経済史学』第53巻5号，661-696頁.
――（1993）.「産業革命期の企業職員層――官営製鉄所職員のキャリア分析」『経営史学』第27巻4号，1-31頁.
隅谷三喜男（1976）.「日本資本主義の形成と徒弟制」，隅谷三喜男『日本賃労働の史的研究』御茶の水書房，所収.
隅谷三喜男・小林謙一・兵藤釗（1967）.『日本資本主義と労働問題』東京大学出版会.
鈴木栄太郎（1957/69）.『都市社会学原理』；『鈴木栄太郎著作集』第6巻，未来社，所収.
鈴木博之（1999）.『都市へ』日本の近代10，中央公論新社.
鈴木淳（1996）.『明治の機械工業――その生成と展開』ミネルヴァ書房.
鈴木ゆり子（1990）.「醤油醸造業における雇用労働」，林玲子編『醤油醸造業史

migration patterns in eighteenth- and nineteenth-century Japan', in van der Woude et al. (1990).
—— (1996/近刊). 'Historical demography: achievements and prospects', *Population studies,* vol.50; 斎藤「歴史人口学——成果と展望」中里英樹訳，速水（近刊）所収.
斎藤修・友部謙一（1988).「江戸町人の結婚・出生行動分析——1860年代末の日本橋・神田の戸籍資料による」『人口学研究』第11号，59-62頁.
斎藤誠治（1984).「江戸時代の都市人口」『地域開発』第240号，48-63頁.
阪本平一郎・宮本又次編（1971-77).『大坂菊屋町宗旨人別帳』全7巻，吉川弘文館.
佐々木陽一郎（1967).「徳川時代後期都市人口の研究——摂津国西成郡天王寺村」『史海』第14号，31-44頁.
——（1977).「江戸時代都市人口維持能力について——飛騨高山の経験値にもとづく一実験の結果」，社会経済史学会（1977）所収.
——（1988).「人口移動とその要因——飛騨国高山の実例」『千葉大学経済研究』第2巻2号，37-74頁.
Sasaki, Y. (1985). 'Urban migration and fertility in Tokugawa Japan: the city of Takayama, 1773-1871', in S. B. Hanley and A. P. Wolf, eds., *Family and population in East Asian history.* Stanford: Stanford University Press.
坂井誠一監修（1959).『城端町史』城端町史編纂委員会.
坂巻清（1987).『イギリス・ギルド崩壊史の研究——都市史の底流』有斐閣.
酒田利夫（1991).『イギリス中世都市の研究』有斐閣.
——（2000).『イギリス社会経済史論集』三嶺書房.
沢井実（1996).「機械工業」，西川・尾高・斎藤（1996）所収.
Seidensticker, E. (1983/86). *Low city, high city. Tokyo from Edo to the earthquake: how the shogun's ancient capital became a great modern city, 1867-1923.* New York; サイデンステッカー『東京 下町　山の手，1867-1923』安西徹雄訳，TBSブリタニカ.
社会経済史学会編（1977).『新しい江戸時代史像を求めて——その社会経済史的接近』東洋経済新報社.
Sharlin, A. (1978/近刊). 'Natural decrease in early modern cities: a reconsideration', *Past and present,* no.79; シャーリン「人口転換期ヨーロッパでの都市と農村における出生力の差違」高橋美由紀訳，速水（近刊）所収.
—— (1981). 'Natural decrease in early modern cities: a rejoinder', *Past and*

内靖ほか訳，筑摩書房.
Pounds, N. J. G. (1985/91). *An historical geography of Europe 1800-1914.* Cambridge; 部分訳：パウンズ『近代ヨーロッパの人口と都市』桜井健吾訳，晃洋書房.
Reher, D. (1990a). 'Mobility and migration in pre-industrial urban areas: the case of nineteenth-century Cuenca', in van der Woude et al. (1990).
—— (1990b). *Town and country in pre-industrial Spain: Cuenca, 1550-1870.* Cambridge: Cambridge University Press.
Rogers, A. (1979). 'Migration patterns and population redistribution', *Regional science and urban economics,* vol.ix, pp.275-310.
Rozman, G. (1986). 'Castle towns in transition', in Jansen and Rozman (1986).
—— (1990). 'East Asian urbanization in the nineteenth century: comparisons with Europe', in van der Woude et al. (1990).
Sabel, C. and J. Zeitlin (1985). 'Historical alternatives to mass production: politics, markets and technology in nineteenth-century industrialization', *Past and present,* no.108, pp.133-76.
齊藤健太郎 (2001).「戦間期イギリスにおける熟練の『解体』と熟練工の労働市場——機械産業と toolmakers の徒弟制を中心にして」社会経済史学会第69回大会報告.
斎藤修 (1984).「江戸市中のサービス業賃金」『日本歴史』第430号，81-85頁.
—— (1985).『プロト工業化の時代——西欧と日本の比較史』日本評論社.
—— (1987).『商家の世界・裏店の世界——江戸と大阪の比較都市史』リブロポート.
—— (1989).「都市蟻地獄説の再検討」，速水融・斎藤修・杉山伸也編『徳川社会からの展望——発展・構造・国際関係』同文舘出版，所収.
—— (1990/97).「熟練・訓練・労働市場」，川北稔編『生活の技術 生産の技術』シリーズ世界史への問い2，岩波書店，所収; 後に斎藤修『比較史の遠近法』NTT 出版，所収.
—— (1998).『賃金と労働と生活水準——日本経済史における18-20世紀』岩波書店.
Saito, O (1989). 'Bringing the covert structure of the past to light', *Journal of economic history,* vol.lix, pp.992-99.
—— (1990). 'The changing structure of urban employment and its effects on

野本寛一（2000）.『庶民列伝——民俗の心をもとめて』白水社.
尾高煌之助（1984）.『労働市場分析——二重構造の日本的展開』岩波書店.
——（1986）.「金属加工業における職人の貢献」『経済研究』第37巻6号，221-33頁.
——（1987）.「工業化過程における職人の役割」，南亮進・清川雪彦編『日本の工業化と技術発展』東洋経済新報社，所収.
——（2000）.『新版 職人の世界・工場の世界』NTT 出版.
小木新造（1979）.『東京庶民生活史研究』日本放送出版協会.
小野旭（1987）.「熟練仮説か生活費保障仮説か」一橋大学研究年報『経済学研究』第28号，3-48頁.
——（1989）.『日本的雇用慣行と労働市場』東洋経済新報社.
小野塚知二（2001）.『クラフト的規制の起源——19世紀イギリス機械産業』有斐閣.
大阪市（1911-14）.『大阪市史』全5巻，大阪市役所.
大竹秀男（1983）.『近世雇傭関係史論』有斐閣.
大田区史編纂委員会編（1976）.『大田区史』資料編，平川家文書2，大田区役所.
大友篤（1979）.『日本都市人口分布論』大明堂.
Perrenoud, A. (1979). *La population de Genève du seizième au début du dixneuvième siècle: étude démographique*. Geneva: SHAG.
—— (1982). 'Croissance ou déclin? Les mecanismes du non-renouvellment des population urbaines', *Histoire économie et société,* vol.iv, pp.581-601.
—— (1986). 'De Rouen à Genève: les modalités du déclin de la fécondité en milieu urbain', in IUSSP, *Urbanization and population dynamics in history*. Proceedings of the IUSSP Historical Demography Tokyo Seminar. Tokyo: Keio University, pp.153-173.
—— (1990). 'Aspects of fertility decline in an urban setting: Rouen and Geneva', in van der Woude et al. (1990).
Physian-Adams, C. (1979). *Desolation of a city: Coventry and the urban crisis of the late middle ages*. Cambridge: Cambridge University Press.
Piore, M. J. (1980). 'Dualism as a response to flux and uncertainty', in S. Berger and M. J. Piore, eds., *Dualism and discontinuity in industrial societies*. Cambridge: Cambridge University Press.
Piore, M. J. and C. F. Sabel (1984/93). *The second industrial divide: possibilities for prosperity*. New York; ピオリ＝セーブル『第二の産業分水嶺』山之

——編（1969b）.『大阪の研究』第3巻，清文堂出版.
——監修（1972）.『大阪経済史料集成』第2巻，清文堂出版.
宮本又郎・平野隆（1996）.「商業」，西川ほか（1996）所収.
宮本又郎・上村雅洋（1988）.「徳川経済の循環構造」，速水・宮本（1988a）所収.
Mols, R. (1956). *Introduction à la démographie historique des villes d'Europe du XVIe au XVIIIe siècle,* tome 3. Louvain: Publications Universitarires de Louvain.
森清（1981）.『町工場——もうひとつの近代』朝日選書.
森下徹（2000）.「近世瀬戸内地域における石材業の展開と石工」『社会経済史学』第65巻6号，623-43頁.
村田静子（1966）.「明治2年本石町二丁目戸籍下書について」『日本歴史』第218号，34-46頁.
内閣統計局編（1913）.『現在人口静態ニ関スル統計材料』維新以後帝国統計材料彙纂第二揖，内閣統計局.
中川清（1985）.『日本の都市下層』勁草書房.
中井信彦（1966）.「三井家の経営——使用人制度とその運営」『社会経済史学』第31巻6号，88-101頁.
——（1973）.『歴史学的方法の基準』塙書房.
中村隆英（1971）.『戦前期日本経済成長の分析』岩波書店.
Nakane, C. (1972). 'An interpretation of the size and structure of the household in Japan over three centuries', in Laslett and Wall (1972).
中野卓（1964）.『商家同族団の研究』未来社.
中野忠（2000）.『前工業化ヨーロッパの都市と農村——社会史の領域』成文堂.
中岡哲郎（1999）.『自動車が走った——技術と日本人』朝日新聞社.
日本随筆大成刊行会（1976）.『日本随筆大成』第3期，第3巻，吉川弘文館.
西川俊作・尾高煌之助・斎藤修編（1996）.『日本経済の200年』日本評論社.
西宮市（1964）.『西宮市史』第6巻，資料篇3，西宮市役所.
西山松之助編（1972-74）.『江戸町人の研究』第1-3巻，吉川弘文館.
西坂靖（1990）.「大店の奉公人の世界」，高橋・吉田（1990）所収.
——（1993）.「越後屋京本店手代の入店・昇進・退職について」『三井文庫論叢』第27号，1-68頁.
——（1998）.「越後屋京本店手代の勤務成績管理と勤務状況について」『三井文庫論叢』第32号，1-63頁.

Laslett, P. (1977a). *Family life and illicit love in earlier generations.* Cambridge: Cambridge University Press.
—— (1977b). 'Characteristics of the Western family considered over time', in Laslett (1977a).
—— (1977c/88). 'Clayworth and Cogenhoe', in Laslett (1977a); ラスレット「クレイウォースとコックノー」落合恵美子・中村伸子訳，斎藤修編『家族と人口の歴史社会学——ケンブリッジ・グループの成果』リブロポート，所収.
—— (1983/86). *The world we have lost: further explored.* London; ラスレット『われら失いし世界——近代イギリス社会史』川北稔ほか訳，三嶺書房.
Laslett, P. and R. Wall, eds., *Household and family in past time.* Cambridge: Cambridge University Press.
Livi-Bacchi, M. (1986/近刊). 'Social-group forerunners of fertility control in Europe', in A. J. Coale and S. C. Watkins, eds., *The decline of fertility in Europe.* Princeton; リヴィ・バッチ「出生制限を行ったヨーロッパの社会集団の先駆者」速水融訳，速水（近刊）所収.
牧英正（1979).『雇用の歴史』弘文堂.
丸山侃堂・今村南史（1912).『丁稚制度の研究』政教社.
Matović, M. (1990). 'Migration, family formation, and choice of marriage partners in Stockholm, 1860-1890', in van der Woude et al. (1990).
松本四郎（1983).『日本近世都市論』東京大学出版会.
Maza, S. C. (1983). *Servants and masters in eighteenth-century France: the uses of loyalty.* Princeton: Princeton University Press.
三村清三郎ほか編（1929).『日本芸林叢書』第9巻，曲亭書簡集，六合館.
南和男（1969).『江戸の社会構造』塙書房.
—— (1978).『幕末江戸社会の研究』吉川弘文館.
三田村鳶魚（1933/75).『江戸ッ子』;『三田村鳶魚全集』第7巻，中央公論社，所収.
—— (1939/75).「下女の話」『江戸読本』昭和14年10-11月号；『三田村鳶魚全集』第11巻，中央公論社，所収.
三井文庫編（1973).『三井事業史』資料編1，三井文庫.
——編（1980).『三井事業史』本編第1巻，三井文庫.
三井高維編（1933).『新稿両替年代記関鍵』巻二，岩波書店.
宮本又次（1969a).「尼ヶ崎一丁目についての考察——近世船場町内に関する一分析」，宮本（1969b）所収.

化期の経済と社会――国際比較の試み』日本経済新聞社，所収．
―― (1984).「明治期都市人口の自然変動」『経済研究』第35巻2号，176-81頁．
―― (2001).「戦間期の都市における企業の集積と人口」『武蔵大学総合研究所紀要』第10号，45-57頁．
岩橋勝 (1981).『近世日本物価史の研究――近世米価の変動と構造』大原新生社．
M. B. Jansen and G. Rozman, eds. (1986). *Japan in transition: from Tokugawa to Meiji.* Princeton: Princeton University Press.
陣内秀信 (1985).『東京の空間人類学』筑摩書房．
片倉比佐子 (1983).「18世紀初頭欠落事例にみる江戸町住民の構成」，北島正元編『近世の支配体制と社会構造』吉川弘文館，所収．
香月節子・香月洋一郎 (1986).『むらの鍛冶屋』平凡社．
川越市総務部市史編纂室 (1977).『川越市史』史料編近世II，川越市役所．
川崎房五郎校訂 (1957).『維新前東京諸問屋商事慣例明治22年調』謄写刷，東京都都政史料館．
喜田川守貞 (n.d./1996-). 宇佐美英機校訂『近世風俗志（守貞謾稿）』岩波文庫．
北島正元編著 (1962).『江戸商業と伊勢店』吉川弘文館．
鬼頭宏 (1985).「近世後期地方都市の人口再生産力――秩父大宮郷の場合」『上智大学経済学部七十周年記念論文集』上智経済学会，167-85頁．
―― (2000).『人口から読む日本の歴史』講談社学術文庫．
幸田成友 (1934/95).『江戸と大阪』冨山房百科文庫．
―― (1938/72).「江戸の町人の人口」『社会経済史学』第8巻1号；『幸田成友著作集』第2巻，中央公論社，244-65頁．
小池和男 (1977).『職場の労働組合と参加――労資関係の日米比較』東洋経済新報社．
―― (1981a).『中小企業の熟練――人材形成のしくみ』同文舘出版．
―― (1981b).『日本の熟練――すぐれた人材形成システム』有斐閣．
―― (1999).『仕事の経済学』第2版，東洋経済新報社．
小池和男・中馬宏之・太田聰一 (2001).『もの造りの技能――自動車産業の職場で』東洋経済新報社．
郡山市 (1971-72).『郡山市史』第2,3巻，郡山市役所．
小関智弘 (1984).『大森界隈職人往来』朝日文庫．
―― (1986).『町工場の磁界』現代書館．
Kussmaul, A. (1981). *Servants in husbandry in early modern England.* Cambridge: Cambridge University Press.

林玲子（1973）．「江戸店の生活――白木屋日本橋店を中心として」，西山（1973）所収．

――（1982）．『江戸店犯科帳』吉川弘文館．

間宏（1964）．『日本労務管理史研究――経営家族主義の形成と展開』ダイヤモンド社．

Hajnal, J.（1965/近刊）. 'European marriage patterns in perspective', in D. V. Glass and D. E. C. Eversley, eds., *Population in history.* London; ヘイナル「ヨーロッパ型結婚形態の展望」木下太志訳，速水（近刊）所収．

――（1983/近刊）. 'Two kinds of pre-industrial household formation system', in Wall et al.（1983）; ヘイナル「前工業化期における二つの世帯形成システム」浜野潔訳，速水（近刊）所収．

Henry, L.（1956）. *Anciennes Familles genevoises, étude démographique: XVIe-XXe siècle.* Paris: INED.

秀村選三（1966）．「近世雇傭労働史の研究史と問題点」『社会経済史学』第31巻1-5合併号，64-80頁．

広山謙介（1982）．「近世後期における鴻池家の奉公人」『大阪大学経済学』第33巻2-3合併号，381-88頁．

Hohenberg, P. H. and L. H. Lees（1985）. *The making of urban Europe, 1000-1950.* Cambridge, Mass.: Harvard University Press.

本庄栄治郎・黒羽兵治郎監修（1969）．『大阪編年史』第6巻，大阪市立中央図書館．

細谷新治（1978）．『明治前期日本経済統計解題書誌――富国強兵編』上の2，一橋大学経済研究所附属日本経済統計文献センター．

市川孝正ほか（1961）．『封建社会解体期の雇傭労働』青木書店．

今井賢一（1984）．『情報ネットワーク社会』岩波新書．

井上貞蔵（1937）．『商業使用人問題の研究』千倉書房．

乾宏巳（1977）．『なにわ大坂菊屋町』柳原書店．

――（1979）．「近世都市の社会構造」『史潮』新6号，5-34頁．

――（1980）．「大坂町人社会の構造」，津田秀夫編『近世国家の展開』塙書房，所収．

――（1996）．『江戸の職人――都市民衆史への志向』吉川弘文館．

伊藤繁（1982）．「明治大正期の都市農村間人口移動」，森島賢・秋野正勝編『農業開発の理論と実証』養賢堂，所収．

――（1983）．「明治大正期日本の都市成長」，安場保吉・斎藤修編『プロト工業

University Press.
Farr, W. (1885). *Vital statistics,* ed. N. A. Humphreys. London: Office of the Sanitary Institute.
Finlay, R. (1981a). *Population and metropolis: the demography of London, 1580-1650.* Cambridge: Cambridge University Press.
—— (1981b). 'Natural decrease in early modern cities', *Past and present,* no. 92, pp.169-74.
Fruin, W. M. (1983). *Kikkoman: company, clan, and community.* Cambridge, Mass.: Harvard University Press.
深井甚三 (1977).「近世中期の城下町人口動態について——信州上田城下町の場合」『東北大学日本文化研究所紀要』別巻第14集, 63-90頁.
—— (1980).「近世都市発達期における大坂船場町人社会の動向——道修町三丁目を事例に」『文化』第43巻3-4合併号, 1-21頁.
—— (1983).「城下町の住民構成と人口——近世中後期の東山・東海城下町を対象に」, 豊田武ほか編『講座日本の封建都市』第2巻, 文一統合出版, 所収.
Galley, C. (1995). 'A model of early modern urban demography', *Economic history review,* 2nd ser. vol.xlviii, pp.448-69.
—— (1998). *The demography of early modern towns: York in the sixteenth and seventeenth centuries.* Liverpool: Liverpool University Press.
浜野潔 (1998).「近世京都・借家人の移動について——西九条境内志水町, 1783-1868年」『京都学園大学経済学部論集』第8巻2号, 119-36頁.
橋本寿朗 (1998).「下請制」, 橋本寿朗・長谷川信・宮島英昭『現代日本経済』有斐閣, 208-18頁.
速水融 (1973).『近世農村の歴史人口学的研究』東洋経済新報社.
—— (1980).「京都町方の宗門改帳——四条立売中之町」, 徳川林政史研究所『研究紀要』502-41頁.
—— (1990a).「近世都市の歴史人口学——奈良東向北町：寛政5年〜明治5年」『三田学会雑誌』第82巻特別号 II, 156-75頁.
—— (1990b).「近世奈良東向北町の歴史人口学」『日本研究』第3集, 11-33頁.
—— (1992).『近世濃尾地方の人口・経済・社会』創文社.
速水融編訳 (近刊).『歴史人口学と家族史のパースペクティヴ』ミネルヴァ書房.
速水融・宮本又郎編 (1988a).『経済社会の成立——17-18世紀』日本経済史1, 岩波書店.
速水融・宮本又郎 (1988b).「概説　17-18世紀」, 速水・宮本 (1988a) 所収.

参照文献

1　本文中において言及・引用された文献の一覧であって，網羅的な文献目録ではない．
2　未刊行の一次史料は含まない．
3　配列は著者名のＡＢＣ順．
4　日本語文献にかんしては出版地を省略した．

天野雅敏（1986）．『阿波藍経済史研究——近代移行期の産業と経済発展』吉川弘文館．

青木昌彦・伊丹敬之（1985）．『企業の経済学』岩波書店．

麻生磯次（1943）．『滝沢馬琴』三省堂．

Bardet, J.-P. (1990). 'Innovators and imitators in the practice of contraception in town and country', in van der Woude et al. (1990).

丁吟史研究会編（1984）．『変革期の商人資本——近江商人丁吟の研究』吉川弘文館．

Clark, P. (1983). *The English alehouse: a social history, 1200-1800.* London: Longman.

—— (1985). 'The reception of migrants in English towns in the early modern period', in E. François, ed., *Immigration et société urbaine en Europe ocidentale, XVIe-XXe siècle.* Paris: Ed. Recherche sur les Civilisations.

—— (1995). 'Small towns in England 1550-1850', in P. Clark, ed., *Small towns in early modern Europe.* Cambridge: Cambridge University Press.

Clark, P., and P. Slack (1976). *English towns in transition, 1500-1700.* Oxford: Oxford University Press.

Davis, D. (1966). *A history of shopping.* London: Routledge and K. Paul.

de Vries, J. (1984). *European urbanization, 1500-1800.* Cambridge, Mass.: Harvard University Press.

江頭恒治（1965）．『近江商人中井家の研究』雄山閣出版．

Fairchild, C. (1984). *Domestic enemies: servants and their masters in Old Regime France.* Baltimore: Johns Hopkins University Press.

Farr, J. R. (2000). *Artisans in Europe, 1300-1914.* Cambridge: Cambridge

は行

長谷川家 130
速水融 140
バルデ，J.-P.（Jean-Pierre Bardet） 190, 192
ファー，J.（James Farr） 175
ファー，W.（William Farr） 139
フィンレイ，R.（Roger Finlay） 176, 179, 197
深井甚三 34
ヘイナル，J.（John Hajnal） 15, 62
ペルヌゥ，A.（Alfred Perrenoud） 190-91

ま行

松本四郎 156
丸山侃堂＝今村南史 114
三田村鳶魚 97, 124
三井家 109, 110-11, 112-13, 116, 117, 132, 148
宮田栄助 217
森清 52, 55, 219-20

や行

安岡重明 111
柳田國男 57, 166, 210
山羽虎夫 221
横山源之助 222

ら行

ラスレット，P.（Peter Laslett） 15, 180, 182
リグリィ，E.A.（E. Anthony Wrigley） 27, 60, 62, 63

わ行

若林喜三郎 149
ワース，L.（Louis Wirth） 56

人名・商家名索引

あ行

アンウィン，G.（George Unwin） 176
アンリ，L.（Louis Henry） 60, 190
伊藤繁 208, 211, 213
伊藤忠兵衛 121
今井賢一 221
ヴァン，R.T.（Richard T. Vann）＝D. エヴァスリィ（David Eversley） 189-90
ヴァン・デル・ウァウデ，A.（Ad van der Woude） 197, 201
氏原正治郎 50
越後屋 →“三井家”をみよ
尾高煌之助 217, 220
小野塚知二 216

か行

喜田川守貞 84
北島正元 117
鬼頭宏 139, 156
ギャリィ，C.（Chris Galley） 198-99
クラーク，P.（Peter Clark） 177
小池和男 121-22, 225
鴻池家 108, 109, 111, 112, 130, 148, 195
幸田成友 14
小関智弘 51

さ行

サイデンステッカー，E.（Edward Seidensticker） 45, 209
佐々木陽一郎 140
シャーリン，A.（Alan Sharlin） 188-89, 193, 197, 201
鈴木栄太郎 58
鈴木淳 218
スネル，K.（Keith Snell） 185-86
スミス，T.C.（Thomas C. Smith） 11, 35-36, 224
陶山鈍翁 71, 141

た行

高橋美由紀 166
滝沢馬琴 88, 126
竹内常善 219
田中久重 218, 219
谷本雅之 55
ドゥ・フリース，J.（Jan de Vries） 26, 61, 63

な行

中岡哲郎 220
中川清 211
西坂靖 109

子数にたいする割合。 195
養子相続 157
ヨーロッパ型結婚パターン 62, 193-95

ら行

臨時雇用 48, 123
→ “雑業”“奉公期間の短縮”をもみよ

大阪の―― 153, 195-96, 201
→ “結婚市場”をもみよ
プロト工業化 18, 20, 21, 25, 26, 28, 30, 37, 63, 188, 193, 202
奉公
ライフサイクルの一環としての―― 62-63, 180
――期間の短縮（短期契約化） 69, 91, 96, 115, 125, 138, 187
――期間の長期化 112, 119-20, 138, 148, 188
奉公人
武家―― 74, 96
――雇用世帯比率 72, 77, 81, 95, 181, 183
江戸の―― 72, 77, 181
大阪の―― 72, 77, 81, 93, 181
――人口比率 72, 81, 82-83, 92, 95, 181
江戸の―― 72, 181
大阪の―― 72, 81, 92, 181
――制度（商家の） 38, 39, 55, 69, 84-88, 107-21, 147-48, 154, 164, 195
――制度（製造業の） 214
ホワイトカラー 39, 47, 52, 53, 122, 222

ま行

町工場 39, 45, 51, 53, 219-21, 223, 225

や行

有配偶率（proportion married）
現在有配偶の状態にある女子／男子数の総女子／男 61, 70, 141, 145,

そのシステムの構造的特質を探る。
西欧の―― 23-25,27-28
日本の―― 28-30,168-69
都市の人口転換
一般に、近代以前の都市における人口自然増加率はマイナスのことが多かったといわれる。それがプラスの自然増加率の状態へと転換する過程をいう。 59,60,62,213
都市墓場機能
→ “蟻地獄効果”をみよ
徒弟制度
→ “アプレンティス制度”あるいは“職人”をみよ

な行

内部化された労働力 47,49-50,107,113,114,138,215
内部昇進 108-11,115,121-22,164,214-15,225
内部労働市場（internal labour market）
労働市場の機能が企業（あるいは労働組織）内に取りこまれた状態をいう。企業による人事異動／昇進が市場メカニズムによる労働力配分機構の代りをしている。 47-48,122
――の形成 108,115-22,138,188,202
二重構造 39,46-55,63,89,127,130-33,177,214,219-20,254
――の２タイプ 54
日本的経営 69,215
人別外之者 34,89-91,147

は行

配偶者選択 38,142,199,201
江戸の―― 158-60,201

である。
人口変化
江戸の―― 143-47
大阪の―― 143-47
スキル
→ “熟練”をみよ
性比（sex ratio）
女子100にたいする男子の数。
西欧における―― 177,179,197
日本における―― 19,70-71,211
江戸における―― 97,141,144-46, 226-27（n.7）
大阪における―― 145-46
奉公人―― 76,79,81
江戸における―― 72,77
大阪における―― 72,77,81,146

た行

多店舗経営 116,118
中途採用者（中年者） 86,108-11,132
帳外れ
→ “人別外之者”をみよ
出稼型 58,211
都市化 18-37,208,213
――の退行／停滞 21,28,30,32-33, 35,37,174,193, 196,202
――パターン（西欧の） 21-28
――パターン（日本の） 28-37,40（n.5）
都市の順位・規模分布（rank-size distribution）
ある地理空間のなかの都市群をひとつのシステムと考えたとき、都市の人口規模とその都市のシステム内の順位とのあいだにどのような関係があるかを示す分布。通常は、両対数グラフに縦軸に規模を、横軸に順位を左からとり、そこに描かれる右下がりの分布の形状と勾配、その時間的変位をみることで、 22-23

にあるすべての女子数を分母に総出生児数を分子とする指標（合計特殊出生率 total fertility rate）で表わすことが多い。 155-57, 161-63, 164-65, 179, 197, 203
婚姻——（marital fertility）
有配偶女子の出産能力。出産可能年齢にある有配偶女子数を分母に出生児数を分子とする指標（合計特殊婚姻出生率 total marital fertility rate）で表わす。 149, 155-56, 188-96
商家マネジメント層 108-11, 131, 142, 151, 164
職業統計 133（n.1）
江戸の—— 105-7
大阪の—— 105-7, 135（n.16）
職人
西欧の—— 175-79, 182, 184, 185-86, 203
日本の—— 39, 51-52, 55, 127-29, 203-4, 216-19, 220, 223-24
江戸の—— 96, 105-6
大阪の—— 105-6, 128
初婚年齢
→ “結婚年齢”をみよ
人口
——再生産（reproduction） 64, 140, 141, 143, 147, 148-49, 154, 156-57, 213
人口再生産とは、現在の世代が次の世代によって置き換えられる過程をいう。出生力の一概念であるが、出生力だけではなく、子供が結婚可能な年齢に達するまでに死亡する確率と配偶者の死によって結婚が途絶する確率の双方を考慮にいれて計算された再生産率を純再生産率（net reproduction rate）という。その値が1のとき、人口は増えもせず減りもしない状態にある。
——自然増加率（rate of natural increase） 60, 62, 140, 166, 189, 213
普通出生率と普通死亡率*の差をいう。マイナスの値をとるときは、人口の自然減少が生じている場合

子飼／子飼制 49-50, 86, 109-11, 164, 215, 225

さ行

雑業 105-7, 122-27, 131-32, 142, 210-13, 217, 223
　江戸の―― 105-7, 124-27, 159-60, 162-63, 165
　大阪の―― 105-7, 123-24, 127, 135（n.16）, 150-54, 165
――者化 38, 39, 107, 138, 147-49, 157, 164-69, 200, 202-3
サービス産業／経済 52
　江戸の―― 98-99, 123, 127
　大阪の―― 123-24, 135
産児制限
→“出生制限”をみよ
死亡率（mortality）
　人口数にたいする特定期間内の死亡割合、あるいは特定人口集団が一定期間内に死亡する確率をいう。普通死亡率（crude death rate）は1年間の死亡総数を総人口数で除した割合であり、乳児死亡率（infant mortality rate）は同一出生者が生後1年間に死亡する確率のことである。 58-60, 62, 139-41, 148-49, 156, 166, 167, 168, 189, 198, 213
終身雇用 47, 116, 122, 131
熟練 48, 117-18. 216, 224-25
――形成 39, 51, 116-19, 216, 222. 225
出生制限 60, 190-92, 196, 203
出生力（fertility）
　個人・集団あるいは人口の出産能力。出産可能年齢 38, 60, 141, 148-49,

——需要 84, 88, 184, 187
江戸の—— 88-89
大阪の—— 94
家族形成（family formation）
新たな家族世帯が形成されること。結婚*によって形成されることが多いので、人口の再生産*を規定する要因のひとつと看なされる。 38, 58, 62, 125, 139, 141, 147-49, 155, 157, 160, 166, 168, 195, 196-202, 211, 213
江戸の—— 160-63
大阪の—— 155-57
既婚率（proportion ever-married）
総女子／男子数にしめる結婚経験をもつ女子／男子数の割合。有配偶の者だけではなく離死別者をも含む点で、有配偶率*と異なる。 197
業務構造 116-17
ギルド 175-76, 203, 216
口入業 87-88, 128
江戸の—— 88-89, 129
大阪の—— 129-30
結婚（marriage）
出生力*・死亡率*と並んで人口学の基本概念のひとつ。
——市場（marriage market） 38, 61, 141, 196-202, 211
配偶者選択が行われる空間と、そこにおける結婚可能状態にある男女のバランスをいう。その場合、未婚者数がもっとも重要であるが、離死別者の数も無視できない。
江戸の—— 157-60, 199
大阪の—— 149-55, 199
——性向（nuptiality） 60-61, 62, 139, 142
人口集団における結婚の頻度・特性を示す総合的概念。平均結婚年齢*はその中心的指標である。
——年齢（age at marriage） 38, 61, 141, 143, 148, 154-55, 191-96, 199-200, 203
通常は初婚年齢をいうが、再婚者も含んで平均結婚年齢を計算することもある。
江戸の—— 162-63
大阪の—— 148, 154, 194-95

用語集・事項索引

1.　索引項目のうち、人口学用語を中心に簡単な用語解説を付す。詳しくは専門事典等をみられたい。*は他の箇所で説明があることを示す。
2.　数字の後に括弧がある場合、括弧内は註番号である。

あ行

アプレンティス制度（西欧の）　175-79, 185-87, 202-3, 216

　商人の――　175, 186-87, 188, 202

　→　日本については“奉公人制度”をみよ

蟻地獄効果

　　近世の都市では死亡率*水準が高かった。それゆえ人口の自然増加率*はマイナスであることが多く、その自然減少分を補うためには人口流入が必要であった。そこから、「農村から人口を引き寄せては殺してしまう一種の蟻地獄」と形容された。欧米では“都市墓場”機能と呼ばれる。　38, 59-60, 62, 139-41, 197, 213

移動（migration）

　――革命　59, 61

　　地理学で用いられてきた用語。移動転換ともいう。工業化と都市化に伴う、低移動率から高移動率への転換をいう。

　――先の選択　63

　――率　59, 61-62

OJT（on-the-job training）

　　仕事をしながら受ける訓練。学校教育や職場外での研修による訓練（off-the-job training）と対比される。　47, 53, 115-22

か行

家事使用人

≪ネットワークの社会科学シリーズ≫

江戸と大阪

―近代日本の都市起源

斎藤 修（さいとう　おさむ）

疎開先の埼玉県秩父郡で生まれる

1968年　慶應義塾大学経済学部卒業。

1976-8年　英国ケンブリッジ大学留学。

慶應義塾大学経済学部助教授等をへて、

1987年-　一橋大学経済研究所教授。

1987-8年　英国シェフィールド大学客員教授。

専　攻　経済史・歴史人口学。

著　書　『プロト工業化の時代』（日本評論社）、『商家の世界・裏店の世界』（リブロポート）、『賃金と労働と生活水準』（岩波書店）、『比較史の遠近法』（NTT出版）など。

2002年3月6日　初版第1刷発行

著　　者　斎藤 修

発 行 者　吉田 肇

発 行 所　NTT出版株式会社

〒153-8928 東京都目黒区下目黒1-8-1　アルコタワー

営業本部 Tel 03(5434)1010

Fax03(5434)1008

出版本部 Tel 03(5434)1001

http://www.nttpub.co.jp

印刷　精文堂印刷株式会社・製本　ナショナル製本

ISBN 4-7571-4037-1 C0021